企业良性增长系统

从战略到执行

刘百功 —— 著

西南财经大学出版社

中国·成都

图书在版编目(CIP)数据

企业良性增长系统:从战略到执行/刘百功著.—成都:西南
财经大学出版社,2023. 11
ISBN 978-7-5504-5982-3

Ⅰ.①企… Ⅱ.①刘… Ⅲ.①企业管理 Ⅳ.①F272

中国国家版本馆 CIP 数据核字(2023)第 219910 号

企业良性增长系统:从战略到执行
QIYE LIANGXING ZENGZHANG XITONG:CONG ZHANLÜE DAO ZHIXING
刘百功　著

策划编辑:何春梅　周晓琬
责任编辑:周晓琬
责任校对:邓嘉玲
封面设计:墨创文化
责任印制:朱曼丽

出版发行	西南财经大学出版社(四川省成都市光华村街 55 号)
网　　址	http://cbs. swufe. edu. cn
电子邮件	bookcj@ swufe. edu. cn
邮政编码	610074
电　　话	028-87353785
照　　排	四川胜翔数码印务设计有限公司
印　　刷	四川新财印务有限公司
成品尺寸	165mm×230mm
印　　张	18
字　　数	193 千字
版　　次	2023 年 11 月第 1 版
印　　次	2023 年 11 月第 1 次印刷
书　　号	ISBN 978-7-5504-5982-3
定　　价	68. 00 元

推荐语

该书是百功老师在全方位、全过程陪伴企业家、企业成长的过程中，对企业经营与增长不断探索的经验总结，是一本从战略到实践的书。

——艾华集团（股票代码603989）董事长

艾立华

百功老师躬身企业实践与企业管理咨询一线长达20年，深度总结了企业实现良性增长的底层逻辑与系统方法，并将其梳理成书，值得一读。

——九州通医药集团股份有限公司（股票代码600998）副董事长

龚翼华

百功老师长期以私董教练身份与众多企业家深度交往，教学相长；他博览群书，逻辑缜密，给企业推荐的落地方案具有实战性。我相信这本书一定会成为企业家朋友的良师益友！

——南通大地电气股份有限公司（股票代码 870436）董事长

蒋明泉

本书是一本深刻洞察商业运营本质的力作，是对企业宏观战略及微观战术非常有针对性的实用指南。它深入浅出地剖析了如何建立一个可持续的增长系统，并提供了实战的方法、工具和策略，可以帮助企业在竞争激烈的市场中有效应对挑战，实现稳健增长。作者通过大量的实战案例让复杂的商业本质及商业问题变得清晰易懂。对于企业管理者、创业者以及对企业增长感兴趣的人而言，这本书有不可或缺的指导价值，强烈推荐！

——新疆乡都酒业有限公司董事长

李瑞琴

本书用简明流畅的语言，系统阐述了在经济高质量发展的大背景下，企业该如何通过战略转型实现良性增长。本书为企业战略的制定者、执行者提供了真知灼见，值得一读。

——浙江泰隆商业银行行长

刘传文

本书理论创新独特，实践案例很接地气，传授了企业走向良性增长的系统方法论，具有很强的实战指导性。

——江苏太平洋精锻科技股份有限公司（股票代码 300258）董事长

夏汉关

百功老师在企业良性增长方面有深入而广泛的研究，并且对企业咨询的实践不断进行总结提炼优化，形成了一套很有实效的、适合中国本土企业的良性增长系统，非常值得企业家学习和实践。

——罗莱生活股份有限公司（股票代码 002293）副董事长

薛伟斌

　　我曾在阿里参加百功老师的"战略规划"课程，受益匪浅。百功老师的这本书对企业良性增长战略规划和变革进行了系统化总结，内容丰富，是理论与实践的结合，适合企业管理者、研究人员阅读。

——阿里云计算有限公司（BABA. NYSE）原政府行业解决方案总监

杨金

（按推荐者姓氏排名）

推荐序一：心无旁骛，净思博远

百功是我的学生，也是我的"忘年交"。他初来财大①读研之时，就已拥有多年的创业、投资和管理咨询经验，凭着对中国企业的熟悉、理解和热情，他为许多企业家和管理者提供了帮助，算是小有成就。但为什么又回到大学校园？他说："希望能够通过再学习、再深造、再精进，不断探寻商业智慧，构建更适合中国民营中小企业发展的管理哲学，并愿以此为毕生奋斗的目标。"其实，这何止是他个人的理想，更是无数管理学界同仁的追求。百功能有此格局，作为导师，我甚感欣慰和自豪。

"博学而笃志，切问而近思"。百功虽在职场、商场打拼多年，但

---

① 指西南财经大学。

不论对人与事、得与失、当下与未来，都始终保持着一份难得的淡泊和赤子之心。正是这份源自本心的"干净"，才使得他多年来始终不急不缓，坚守初心和理想，这种精神值得许多年轻人学习。

近几年时间，百功一边攻读硕士、博士学位，一边带领团队，致力于在"企业赋能增长""家族企业传承"等领域深入研究和实践，取得了不少令人欣喜的成果，这本《企业良性增长系统：从战略到执行》便是其中之一。本书从理论到实践全面展现了百功对企业管理和商业智慧的系统性思考，特别是对"企业良性增长的开放性剖析"更是见解独到。

通过这本书，读者可以深刻了解商业逻辑的变化、企业增长的不同层级和实现良性增长的具体方法。更重要的是，阅读本书能够启迪新时代企业管理的关键技能和核心思维，帮助企业家和管理者在激烈的商业竞争中不断前进，进而实现企业良性增长，创造更大的社会价值。

最后，再次祝贺百功并致以美好的祝愿。愿他能够坚守"赋能企业增长，商业智慧报国"的初心和使命，心无旁骛、坚定前行，成为铮铮佼佼之"企业良性增长的首选智慧伴侣"！

傅代国

西南财经大学西部商学院院长、教授、博士生导师

推荐序二：良性增长，"双精" 护航

在如今世界经济快速演变的时代，我们需要深刻认识中国中小企业面临的商业逻辑新常态的内涵和要素，寻找并掌握良性增长的方向、路径和执行方法。百功的《企业良性增长系统：从战略到执行》一书，正是为此而生。

本书从中国经济的变迁与商业逻辑的新常态开始，深刻剖析了未来企业面临的逻辑要素，阐述了企业增长的不同层级、内涵及要素，探讨了良性增长的方向、路径和执行方法，给出了具体的方法、工具和保障措施，并通过全案操作的实战案例剖析企业如何实现良性增长。书中强调的"双精策略"尤其值得探索和尝试。

这不仅是一本具有指导意义和实践价值的管理书籍，更是百功在多年创业实践、企业管理咨询以及教学中探索成功企业良性增长规律的总结和归纳。既扎根实践，又融合学术，涵盖了百功的多元智慧和社会创新精神。同时，本书表现出的态度也非常值得称赞，百功并不是用自己的经验和知识"说服"读者，而是以开放、求实与创新的态度，去笃实地、真切地研究良性增长，把真正有价值的内容传递给读者。其中表现出来的为他人着想、超越自我、执着追求的精神，以及深切的人文关怀和鲜明的价值观，正是社会以及企业所需要的。

　　本书除了适合企业家、管理者、职业经理人等人士阅读，也适合刚刚入行的年轻人研究。它不仅是一本企业增长手册，更是一本商业思想启蒙书，无论你是否准备创业，它都能为你提供有益的参考和借鉴。

　　诚信载道，求索拓路。祝贺《企业良性增长系统：从战略到执行》一书的出版！祝愿读者从中获得启发，深刻理解什么是良性增长！期待百功及他的团队能够深度赋能、陪伴更多企业家成长，助力更多企业实现良性增长！

陈 扬

电子科技大学经济与管理学院教授、博士生导师

推荐序三：百尺竿头，功在不舍

我和百功老师相识于 2018 年 7 月。整整 5 年前。

那一年，中国发生了一些大事。比如，中兴通讯被美国制裁，千亿规模居然瞬间坍塌，而其"友商"华为因早有技术"备胎"而暂时安然。就此，国人第一次意识到：在大国博弈中，如果没有技术和远见，仅有规模和喧嚣，一切都只是自欺的泡沫而已。就此，中国社会的"杠杆做大梦"和"独角兽梦"终于开始苏醒，热闹了近十年的商业模式和资本热潮开始冷却。

中外管理，是更早就已然意识到这一点的。早在 2017 年，中外管理就在"只知独角兽"的时代，率先在国内独树一帜地发起了"中国造隐形冠军评选"活动。到 2018 年 5 月 19 日，虽曲高和寡但终于历史性地在山东青岛，圆满举办了"首届中国造隐形冠军评选"颁奖暨首届隐形冠军长青峰会。就此，中外管理在中华大地"专精特新——隐形冠军"的道路上，插下了第一个坚定的路标。

对，坚定。我坚定地相信这条道路是正确的，星星之火终会燎原。因此，我信心满满开始准备启动第二届。这一次活动获得了知名管理学学者陈春花、浙江大学教授吴晓波等一批国内外名家的慨然支持。除此之外，我希望还能邀请到更多国内企业管理界的知名专家、实战派学者、一线实践者，来共同担任评选评委，共同为我们中国当代和未来的隐形冠军企业擂鼓赋能。

一个叫"刘百功"的名字，出现在候选评委名单里。

百功老师进入名单，一方面在于他极为丰富的管理学知识和勤奋不懈的学习态度，另一方面则在于他是我们中外管理私董会的金牌教练。这很符合邀请新评委的一个重要标准：要贴近企业实践，贴近老板需求，贴近商业智慧，同时又拥有扎实的学术素养。

但有这些还不够。毕竟他在成都，我在北京，之前彼此虽有交流，但深度有限。然兹事体大，于是我们又相约电话。记得那通电话虽然只有短短 20 分钟，但我已能够真切感知到他对企业管理确有真知，对企业家确有真爱，对企业正道亦有真悟，正是我们中国稀缺的实干、实战、实效型专家。后来，我们又意犹未尽地在北京见面深聊，谈及商业、管理、哲学，可谓同频共振、一见如故。

于是此后几年，百功老师一方面连续四届受邀担任"中国造隐形冠军评选"的评委；另一方面持续担任我们中外管理冠军私董会的教练，而且风评极佳。

这几年，我现场体验了很多次由百功老师组织的私董会共创，也一同参加了多次企业深度调研，并一起完成了四届中国造隐形冠军评选。其间，不论是我自己还是隐形冠军企业家，都强烈地感受到了他对中国民营企业、企业家群体发自内心的关注与洞察。记得一次和百功老师聊天时，他说过一句话令我印象深刻："凡有为之人，在专业上都极度自信，在做人上又都极度谦逊。"我深以为然。

是的，凡学问与人格相结合，才更有感染力。

在与企业家交往中，百功老师既不埋头功利，又不清高在上，而是那种基于纯粹的"传道、授业、解惑"，希望借助知识传授，借助教练共创，借助咨询辅导，来厚积薄发地支持中国的专精特新企业蓬勃发展。因此，他也赢得了隐形冠军企业家们的尊重与信任。

2023年4月，百功老师受我之邀担任"第30届中外管理官产学恳谈会"的圆桌会议主持嘉宾。会前，他不巧刚做完一个手术，坐立都很痛苦，医生要求他静养两个月。但一听说会议有需要，他忍着剧痛，从成都飞来北京参加了三天会议，并高质量地主持了会议讨论，令我和众多与会知情者感动不已。

也因此，基于价值共识、专业素养、人格操守，当我们起念将我们已然举办了五届的"中国造隐形冠军评选"所积累的大量隐冠企业一手数据加以分析研究时，百功老师和他所在的西南财大研究团队，自然就成了我们一拍即合的首选合作伙伴。结果也不负众望，历经几个月的打磨，2023 年 5 月 19 日，在株洲举办的"第五届中国造隐形冠军长青峰会"上，我和百功老师一起正式发布了中国第一部围绕中国隐形冠军企业成长发展状况的"蓝皮书"。

百功老师与书一直有不解之缘。他不仅酷爱读书，热心荐书，也坚持写书。

今天，看到百功老师的第二本书"出炉"，我真心为他感到高兴，也为更多可能会受惠于此书的企业家朋友们、管理咨询领域的从业者们感到高兴。

十多年前，在培训行业如火如荼、百功老师的个人品牌位列头部的时候，他却毅然选择转型，走出课堂，走下讲台，走进企业，深度学习，专注探究"中国民营中小企业的良性增长之路"。这既是中国经济发展的时代大潮的前瞻需要，更是他对"以商业智慧报国"的初心坚守。

我认真学习了全书文稿，能够感受到百功老师确实在倾囊相授。这本书基本涵盖了这些年来他对行业大势的判断，对商业逻辑的思考，对经营管理的深研，对工具方法的融创。这是一套从实践中来，又到实践中去的商业智慧集成，非常值得每一位有志者、有心者认真阅读，并在实践中灵活运用。

"百尺竿头，功在不舍。"这不仅包含了他的名字，包含了我对百功老师的认知，也更希望能与每一位企业家朋友共勉。

杨　光

中外管理传媒社长、总编

前　言

　　"企业"一词，英文译作"enterprise"。如果解构为 enter+prise，就是中文的"进入"+"撬动"。从字面意思很好理解：企业应该勇往无畏地前进与发展，并且含有强力的事业心与进取心的精神属性。正如美国政治哲学家托马斯·潘恩的巨著《常识》中所说的一样，最平实的常识往往能够帮助我们拨开纷繁复杂的事物表象，直击事物内部本来的真实与质朴的道理。

　　企业，这一市场经济的主体，经历了经济发展与商业进化的无数次迭代、经济兴衰与商业周期起伏的无数次轮回，被从不同角度添加了太多的面孔与注释，以至于我们这个时代的人，甚至是置身于市场经济中的企业家们，都无法清晰而简洁地回答"**企业到底是什么？企业到底为了什么？**"这一类最根本的问题了。

作为一名投身于中国企业管理咨询实践的从业者与研究者，20年来我躬身于企业管理第一线。一方面是事业需要，另一方面我希望以最谦卑的态度去聆听身处商业鏖战中的企业家的真实声音，以最精准的距离去研究每一位我所服务的咨询客户的真实案例，用从本土商业实践而不仅是商学院理论课程中得来的，不断挖掘持续迭代的商业知识，去直面每一位客户的信任、压力、困惑与质疑，最终达成一名中国本土企业管理咨询师的使命与责任。这就是我的职业与专业所向。

同时，我也被众多所服务企业呈现的复杂而又多变的问题所困扰。我们的企业和企业家，特别是那些处于快速发展中的中小企业和企业家们，独自承担着市场的不确定性与发展的诸多风险，真的挺难。这也促使我十几年如一日地思考：**企业经营的"命门"到底是什么？企业管理的根本落脚点在哪里？企业发展战略的根本着力点在哪里？企业经营风险的根本应对办法在哪里**……

直到约十年前，一位企业家在向我咨询利润增长项目时，他对于企业业绩增长的焦虑与企业近乎粗放的野蛮发展路径，让我陷入深思，并想起全球管理大师拉姆·查兰在他的经典著作《良性增长》里的告诫：**盈利性增长需要直面深刻的底层逻辑**！从那时起，我开始深度思考并重新规划我的管理咨询职业方向，开始体悟并专注研究企业经营发展的"根本落脚点是什么"等此类底层逻辑问题。因着这一信念与认知，为了专注"良性增长"这个企业管理咨询实战的战场，我放弃了在很多人看来"短期利润丰厚"的培训项目与"挣快钱""挣轻松钱"的机会，全身心投入，脚踏实地地调研、收集、分析数据，小心翼翼地探寻答案，把客户的企业当做自己的事业去呵护、陪伴。

不过，在阅读了国内外海量的商业管理专业著作，并分析总结我亲自经历的大量企业管理咨询案例后，我发现：面对"良性增长"主题，虽然有拉姆·查兰的《良性增长》巨著在前，也有大量同行前辈开拓的"良性增长""业绩增长"等现实产品在后，但**"成熟市场"这一宏大而深刻的背景所带来的商业逻辑的巨大变化，足以颠覆我们之前关于"良性增长"的知识、理念与方法论。**

我深感这一变化之大、变迁之深，这促使我鼓起学习与创作的勇气，以一颗实事求是、严谨治学的心，告诫自己忘记一切已知的商业知识与管理经验，以开放、求实与创新的态度，去笃实地、真切地研究"成熟市场下的企业良性增长"这一专题。并将我多年来在企业培训、企业家私董会、管理顾问、全案咨询与高校学术会议中陆陆续续发表并经实战验证的言论、观点与文章整理成集，去粗取精，去伪存真，遂形成读者朋友手中这本《企业良性增长系统：从战略到执行》。希望能用

经过实战验证的、行之有效的理论和方法帮助更多的中国企业，特别是中小企业深刻理解什么是良性增长，并深度赋能、陪伴企业家，领跑企业，一同实现良性增长！

正文的章节安排如下。

第一章：中国经济的变迁与商业逻辑的新常态。本章将深刻阐述中国中小企业当前及未来面临的商业逻辑新常态内涵和要素。解答"为什么要增长"。

第二章：企业增长、良性增长与成熟市场下的良性增长。本章将递进阐释企业增长的不同层级内涵及要素。解答"什么才是真正的良性增长"。

第三章：企业良性增长战略选择。本章将从企业战略选择入手，结合普智知识图谱，为良性增长打下基础。解答"良性增长的方向"。

第四章：企业良性增长路径规划。本章将以良性增长为目标，结合普智方法论，给出路径规划的工具等。解答"良性增长的路径"。

第五章：企业良性增长落地执行系统。本章将从战略如何落地执行的角度提供具体的方法、工具和保障措施。解答"良性增长的执行"。

第六章：普智赋能企业良性增长实战案例分析。本章将通过普智全年全案操作的实战案例解析企业如何实现良性增长。为企业良性增长的实施提供对标样板。

　　囿于时间与水平所限，书中难免存在差漏之处，希望学界、实务界与企业界的朋友不吝赐教，笔者不胜感激。我愿尽己所能，为中国企业、中国经济良性增长与发展贡献绵薄之力！

刘百功

2023 年 6 月

目录

CONTENTS

CHAPTER 1

中国经济的变迁与商业逻辑的新常态

本章导读：

为什么企业的增长越来越难？

是因为国内外市场环境多变？产能过剩？产品同质化严重？劳动成本持续上涨？……

它们不过是市场里存在的永恒问题，你永远无法避免。

那么真正的原因是什么？

是你没有厘清企业发展背后的逻辑，尤其是在当前中国经济已经从成长期进入到不可逆的成熟期，企业处于成熟市场的背景下，你或你的企业缺乏一套行之有效的增长体系和战略！

◀　**CEO**　▶

宏观经济与企业经营是巨浪与浪花的关系①。宏观经济是衡量一个

---

① 在理论上，社会经济面属于"宏观"、行业面属于"中观"、企业与个体决策者属于"微观"。传统上宏观经济研究与微观企业行为处于各自孤立的研究领域，现在有关研究者越发重视从"宏观—微观"相结合的视角出发进行研究，并关注"宏观—微观"相互传导的机制。

独立经济体运行态势的总称，通常以经济总量（国内生产总值 GDP 与国民生产总值 GNP）、物价水平（CPI）、景气程度（景气指数 PI 与采购经理指数 PMI）、居民收入水平、国际贸易（顺逆差）与就业情况等维度综合判断。这些都可以传导至每个企业具体的经营活动，对企业经营管理形成外在约束与宏观影响。

曾经有一位从事进出口贸易的客户和我开玩笑："百功老师，我们其实是没有编制的国家队，国家进出口通关政策就能决定我们一个产业链的兴衰。"我知道这并非玩笑。企业经营就像一朵朵浪花，企业家是一个个翻浪高手，看似能够纵横四海、随性而为，但每一朵企业浪花想要真正的翻江倒海，无不是乘着宏观经济这一巨浪而上。这就是我们常说的"借势"，也叫"风口"。水能载舟，也能覆舟。在剧烈的宏观经济变动之下，企业家望洋兴叹者居多，逆势而为者寥寥，也许这就是"时势造英雄"的写照。

今天的时代巨浪是什么？企业家该如何乘势而上，顺势而为？

我的答案是：今天的巨浪就是成熟市场，企业家们首先应该了解中国经济增长的变迁，明白成熟市场具备哪些特征，对企业经营有哪些影响，给未来企业增长带来哪些新的商业逻辑，这是全书第一章要回答的问题。

一、中国经济的变迁

改革开放至今四十余年，中国经济维持了全球最高速的平均增长率，多年稳居全球第二大经济体（如果按购买力平价PPP计算，2014年中国已超越美国）。这是一个伟大的经济奇迹，人类从来没有一个像这样人口规模的经济体完成这样幅度的持续增长，同时这也是中国企业经营的大背景。本土企业在全球最高速发展经济体下实现了生存与发展，我们因此而充满自信和自豪感。

企业家应该明白，是国家的发展为我们企业经营提供了良好的空间与土壤，为企业增长提供了强劲的市场与要素，这就是巨浪推起了企业之浪花。

但最近几年，宏观经济正在发生着明显变化。特别是GDP增速从两位数的高增速逐渐放缓至8%左右的中高增速，再放缓至5%~6%的中速增长（2023年3月全国两会上确定2023年GDP增长目标为5%左右）。这一增速放缓的过程，就是"经济新常态"的表现之一。

很多人问我怎么看待这一新常态，我的回答往往是反问"您怎么看待？"

请注意，这不是在打太极，而是你对这个反问的回答就代表了你最真实的想法。

为什么？因为我们普通人不是经济学家，我们关心宏观经济的落脚点就是"预期"二字。面对经济增速放缓，你可以悲观，觉得中国经济增速不行了，中国经济在长周期上相对衰落了；当然你也可以很乐观，觉得中国经济长期是向好的，中国经济增长的基本面是没有改变的。

市场经济就是关于未来预期的经济。你悲观一点，就收缩投资、保障现金流，把真金白银和易变现的资产捏在手里；你很乐观，看见别人在出清，觉得这是一个吸入资产的洼地期，就可逆势吃下。

麻省理工学院（MIT）教授德隆·阿西莫格鲁在2012年与人合著了一本被誉为"当代《国富论》"的名著——《国家何以失败：权力、繁荣与贫穷的根源》。他认为：经济的发展归根结底在于内在创新的机制，如果缺乏内在创新的机制，那么一旦遇到增速瓶颈，持续的经济增速将会结束。

2013年12月10日，习近平总书记在中央经济工作会议的讲话中首次提出"新常态"的重大论断。之后围绕适应、把握和引领经济发展新常态，提出了"创新、协调、绿色、开放、共享"的新发展理念。

再后来，北京大学国家发展研究院的林毅夫教授也明确表示：创新是其中最关键的，是维持未来30年中国经济持续增长的根源所在。

所以，关于预期和新常态的判断，我不会在非此即彼的乐观或悲观中选择，而是希望并相信中国的企业家能切实抓住"创新"这个最核心的发展理念，那么未来30年我们会保持住合理的经济增速与持续发展态势。

创新之前,有必要一起回顾近年来中国经济变迁的历程,这更有利于认识我们当前所处的环境。

1. 宏观经济:由"高速发展"到"高质量发展"

"高质量发展"是 2017 年中国共产党第十九次全国代表大会首次提出的新表述,标志着中国经济将由高速增长阶段转向高质量发展阶段。如图 1-1 所示,经过多年的高速发展,2019 年我国 GDP 增速降至 6%。按照经济学认知,GDP 增速 6% 以上为经济高速发展阶段;GDP 增速 4%~6% 为经济中速发展阶段;GDP 增速 4% 以下为经济低速发展阶段(也有经济学家认为,GDP 增速 2% 以下才为经济低速发展阶段)。

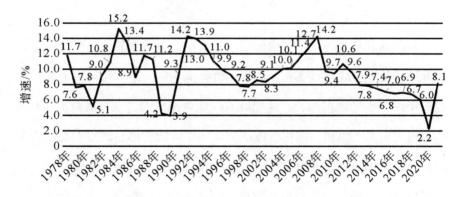

图 1-1   中国改革开放以来 GDP 增速图(1978—2021 年)

无论按照什么口径、标准划分,我国经济事实上已经由高速发展阶段走向了中低速发展阶段，并面临着**"需求收缩、供给冲击、预期转弱"三重压力**（2021 年 12 月 8 日到 10 日中央经济工作会议上提出，见图 1-2）。

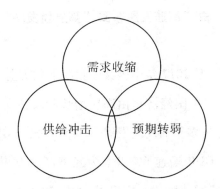

图 1-2　中国经济的三重压力——中央经济工作会议提出

（2021 年 12 月 8~10 日）

我国前几年大力推动供给侧结构性改革。很重要的一点就是通过消费升级，让老百姓把钱花在国内。以奢侈品为例，近三年国内奢侈品消费每年以 30% 的速度增长，这里既有一些外部原因，也有消费不断升级的深层逻辑。在供给侧结构性改革之前，中国的奢侈品消费大都花在了国外。有数据显示，在没有供给侧结构性改革和新冠病毒感染疫情（以下简称疫情）前，每年有近 2 万亿元消费在国外，如果这 2 万亿元花在国内，我们的 GDP 可以增长 1~2 个点。随着国内外形势急剧变化，与产品相关的上游企业原材料端、生产端成本上浮，下游企业、老百姓对未来预期悲观，不敢投资、消费。2020年，居民收入降低，但是全国居民存款平均增长率在30%以上，购买需求明显收缩。

以上三重压力叠加，直接或间接导致出现以下几种后果：

一是去产能、去需求导致低水平、损害性的均衡、内卷。整个行业都在通过低价、低利润以求生存。

二是中等收入陷阱。收入增长了，但是购买力并没有增强，幸福感降低了。

三是净投资能力①下降。企业没钱投资，也不愿意去投资了。

2. 中观经济：由"快速增长"到"中低速增长"

我们再来看一下中观经济（本书所指中观经济特指产业和行业经济）。明显可以看到，**众多产业和行业发展都从"快速增长"变为"中低速增长"**了。

如图1-3所示，我国建筑行业增长率从2013年的16.9%之后就一直在10.5%以下徘徊，直到2020年的6.2%。

---

① 净投资能力=GDP−消费−折旧−债务利息；净投资≤0，则进入中等收入陷阱；临界点为净投资/GDP小于10%。

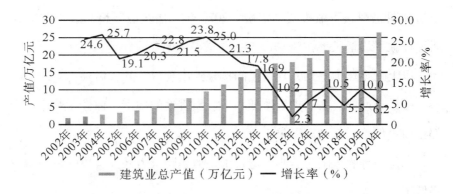

图 1-3　2002—2020 年中国建筑业总产值及增长率

如图 1-4 所示，2018 年以前，我国电子商务行业的年增长率最低都在 15% 以上，到 2019 年、2020 年只有 11% 左右。如果不考虑疫情对电子商务的正向影响，其增长率还会更低。

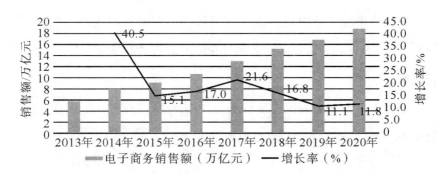

图 1-4　2013—2020 年中国电子商务销售额及增长率

如图 1-5 所示，我国软件业的增速从 2014 年之前的不低于 20% 到
之后的在 12.4%~16.4% 浮动，呈现出上下起伏高低交替的规律。软件
业的增速明显放缓，但因为现在的软件业会逐渐联动工业物联网等高速
发展的行业，应该会出现平稳状态。

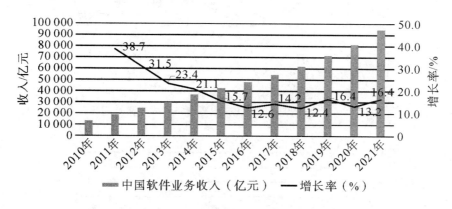

图 1-5 2010—2021 年中国软件业务收入统计及增长率

再看一下传统零售行业——家电。如图 1-6 所示，从 2014 年开始，
整个市场成交额下降，增长率处于较低水平，受疫情影响，2020 年甚
至出现负增长。

那么，像银行、地产等资金密集型行业的发展态势怎么样呢？如
图 1-7、图 1-8 所示，毫无疑问，利润增速急剧下降并且还出现负
增长。

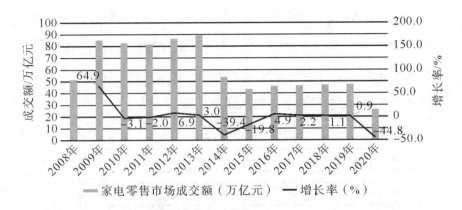

图 1-6　2008—2020 年中国家电零售市场成交额及增长率

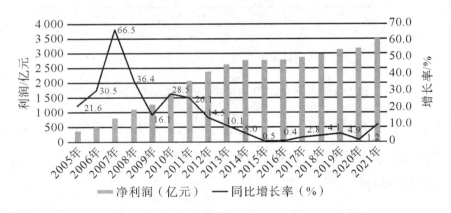

图 1-7　2005—2021 年某上市银行利润及增长趋势

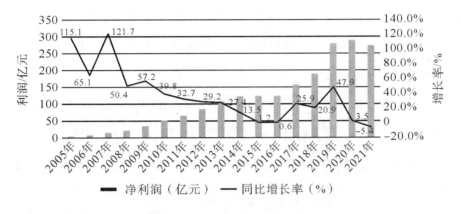

图 1-8　2005—2021 年某上市房企利润及增长趋势

3. 微观经济：由"规模制胜"到"良性增长"

从企业角度更容易理解和感知微观经济带来的变化。

在整个行业快速发展的时候，企业的基本策略只有一个，那就是规模扩张。基于市场不断扩张、规模越大成本越低（但规模扩张未必一定能够带来利润增长）等前提假设，通常会有以下三种扩张方法和相应结果。

第一种方法是提升渠道覆盖率。比如，我们服务的一家医药零售流通企业，他们过去已经覆盖了国内 90% 的医药销售渠道和县级以上医院，但销售额并没有随着渠道覆盖率的提升而提升，甚至还出现了规模扩张，而企业利润率下降的情况。

第二种方法是增加销售人员。"人多力量大"似乎有理，但很多企业在销售人员增加后反而出现抢客户、资源分配不均、内耗严重、人均产能严重下降等问题。

第三种方法是在企业上市之后进行并购。我们常常看到有些企业业绩不好，但只要上市之后马上就业绩翻倍，因为它并购了其他企业，扩大了规模。但并购之后一味追求规模，丧失核心竞争力，逐步被市场抛弃的样本也不在少数。

综上所述，从宏观、中观和微观三个方面来看，数据向下，压力很大。难道中国经济、中国企业就没有机会了吗？

非也！接下来再看几个逆势增长的企业，这些企业都是历届"中国造隐形冠军企业"。

第一家企业，晨光生物。它是全球重要的天然植物提取物生产供应商，中国制造业单项冠军示范企业，中国工业大奖表彰奖获得者。这家公司2022年实现营业总收入62.96亿元，同比增长29.18%；实现归属于母公司所有者净利润（以下简称归母净利润）4.34亿元，同比增长23.48%。

第二家企业，金博碳素。它主要从事先进碳基复合材料及产品的研发、生产和销售，是唯一一家入选工信部第一批专精特新"小巨人"企业名单的先进碳基复合材料制造企业。2020年5月18日，金博碳素成功登陆科创板，是沪深两市"民用碳/碳复合材料第一股"。2021 年实现营业总收入 14.50 亿元，同比增长 8.39%；实现归母净利润 5.51 亿元，同比增长 9.92%。

这些企业为什么能增长？通过对全球 503 家企业进行统计分析，可以看到，企业发展 5 年后，约有 75%停滞增长，11%开始转型，只有约 13%持续增长（见图 1-9）。这就意味着，如果企业不增长，就很可能成为约 87%（包括停滞增长和转型两部分）的那一部分，甚至消失。那么企业增长一般会追寻什么样的规律？答案是：良性增长。

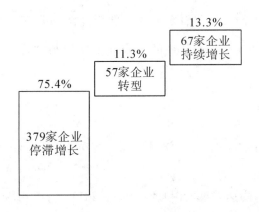

图 1-9　企业增长统计图

（数据来源：奥尔森，欠弗，《为什么雪球滚不大》）

正如全书序言所说，企业的英文 enterprise 含有事业心、进取心的深意。**增长、不断的增长是市场经济中盈利性组织的根本行动逻辑与存在意义**。企业增长既蕴含了市场经济的发展路径，也体现了不断进取的企业家精神，更是人类社会文明进程的最鲜明写照。

那么，因为宏观、中观、微观的变迁将使得中国经济呈现怎样的新常态？它们又会对商业逻辑造成哪些影响？企业又该如何应对呢？

二、中国经济新常态对商业逻辑的影响

正如上文所讲，中国经济最大的"新常态"就是经济增速逐步放缓至中速增长。这对于产业意味着什么？对于企业和企业家意味着什么？

我们先从以下三个方面来解读、剖析经济新常态下的商业逻辑或"底层逻辑"，也就是我们常说的"商业实操"与"商业运行"的内在故事线。

1. "预期"的新常态

在中国经济高速发展的时期（1992—2013 年），市场充满了乐观的情绪。有钱无项目的投资方对于收益率的预期是乐观的，愿意大胆投资，积极在市场中分享投资收益；有项目无钱的运营方对于项目成功的预期也是乐观的，愿意大胆创业，积极在商业项目中获取市场地位。投资方与运营团队对于未来的预期是较为一致的。在这个阶段，我们最直接的感受就是：项目好做，投资也好做。只要有好的商业计划书、有充

满活力的团队、有符合细分市场需求的产品与服务，那么项目运营的难度基本是可控的。于是，这个阶段就出现了大量粗放型野蛮生长的行业与公司。同时，只要有好的尽职调查、有盈亏平衡分析、符合投资风险管理规律的标的与孵化物，资本投资的难度也是可控的。

这一时期普遍乐观的"预期"特点，是"非成熟市场"或"新兴市场"的表现。

"预期"能够支撑起"机会"，大量的"机会"又进一步稳定"预期"。我们服务的大量客户就是起步于这个阶段，他们在中国经济"预期"最乐观、生意最好做的历史机遇期，抓住了细化行业与市场的机会，在不需要系统管理技能与运营手段的情况下，就完成了项目回报、公司成长与市场占有。所以我经常对客户说："我们是非常幸运的，过去30年赶上了商业环境最好的时期，只要站在风口，风就会把我们吹上去"。

那么近几年"预期"从普遍乐观到审慎乐观，再到谨慎观望，发生了很大的变化。直接效应就是投资收缩、消费收缩与项目收缩，每一个环节的收缩都会传导到其他环节，造成一个全产业链、全供需链甚至全市场、全社会的经济行为"冷处理"。我把这种新特点称为"一个收敛+一个增强"。

（1）"一个收敛"

"一个收敛"即"不确定性的收敛"。谨慎"预期"的新常态让全产业链都处于趋同的"冷静"状态。

在"不成熟市场"阶段高度分散的、高度对立的市场预期被一种逐渐趋同的市场预期所替代；商业活动中参与者的行为轨迹也更加趋同，那种分散的博弈状态在明显减弱；商业行为不可预测、风险对立的不确定性出现了某种"收敛"态势。通过近几年的行业研讨会、私董会，我发现这样一个现象：来自不同行业、不同规模的客户之间的"争论"与"分歧"在减少、减弱，大家一提到未来怎么看、生意怎么做，大都会因为冷静而趋同。这就是我提出的"预期"新常态导致的第一个商业逻辑的特征——"不确定性的收敛"。

（2）"一个增强"

"一个增强"即"商业理性的增强"。

谨慎"预期"的新常态让底层逻辑中的不确定性收敛。每一个参与方、每一位企业家不会再"豪情万丈"地制订各种"商业计划书"，反而都在越来越冷静的商业氛围下更加小心翼翼、更谨慎地构建商业计划、布局商业行动、完善管理实践。这是在全社会、全经济体逐渐成熟下所产生的一种商业理性的新高度。

那种充斥在"不成熟市场"中的商业冲动、商业浮躁、商业激情都会逐渐让位于事前精准的计划、事中有效的控制、事后完善的评估。正如多年前我所预感的：在企业管理咨询行业，那种靠 PPT 演说、高感染力的现场课、框架式的咨询体系、激情型的咨询方案，都必将让位于有大量精准数据支撑的经济行为与管理优化研究方案。目前行业也正在朝着这个方向良性发展，这正是基于"商业理性增强"的直接表现。

所以我也高度重视构建普智咨询的研究型、数据化转型，并且已经构建了一支"懂管理、有专业、精数据、高学历"的复合型咨询团队。以"行为—过程—结果"为逻辑链路与相关关系的咨询架构，为每一位客户量身定制专业化的咨询方案，用数据而非感觉说话，用计量经济学的逻辑来支撑管理咨询活动的内在逻辑。这就是普智及管理咨询行业"商业理性的增强"的表现。我相信中国经济商业实践中的每个行业、每个企业，也必将经历这一历史进程。

"一个收敛+一个增强"所代表的"预期"新常态对商业底层逻辑的改造将是一个长期而严酷的商业进化过程。

所谓长期，就是至少贯穿未来30年，伴随中国经济与社会的现代化进程，商业进入"不确定性收敛"+"商业理性增强"不可逆的历史过程。

所谓"严酷"，就是"成熟市场"下的竞争会更加激烈。通过增加的"商业理性"来排除非理性的繁荣，通过"收敛"来排除前30年商业实践中大量存在的"欺诈、取巧、擦边球"。所以，企业家要清醒地认识到，过去的成功与未来的成功之间没有必然的相关性，过去的经验与未来的理性之间也没有充分的相似度。这一切仅仅是"成熟市场"下一个小小的"预期"新常态所带来的商业逻辑的变化而已。

2. "收入"的新常态

宏观经济总量指标（GDP、GNP）是衡量经济发展水平的重要指标，人均收入指标也同样重要。人均收入水平与收入结构共同决定了消费市场的潜在规模与消费结构，也决定了劳动力市场的供给规模与就业特点。而撬动消费市场与劳动力市场这两个点就足以对底层商业逻辑产生巨大的影响与冲击。

收入可以通过改变消费结构，促使企业，尤其面对消费终端的企业适应新的消费升级。也就是说通过逐渐提高的收入推高消费者的消费结构，使产品从满足功能到满足体验感、从被动接受式消费到主动参与式消费。那种"非成熟市场"下的**仅仅满足产品与服务基本功能性的消费要求，将自动让位于兼具"功能性、功效性、社交性、艺术性"等全方位的消费要求**。我们称这一过程为"消费升级"与"新消费活动"。

（1）"收入"新常态导致的"消费升级"

那么"消费升级"对于底层商业逻辑会产生什么影响呢？

我认为最大的影响就是"产品的超额收益期"将大幅度压缩。要搞清楚这个概念，首先要了解产品的收益问题。

有很多客户问我："百功老师，您说我做这个产品能不能赚到钱？"

我很少直接回答他们。因为我没有调研，不清楚这个行业的市场情况，这个品类的头部产品是什么状况、这个品类的追随产品是什么状况等情况我都不清楚，所以即使客户给我看了产品毛利率指标，我也不能轻易给客户做出这个产品赚不赚钱的结论。

为什么呢？

因为一个品类的产品赚不赚钱是一个有关"时间"的问题。

当先导企业率先发现一个新的品类，创造新产品投入市场，这时他们就处于最领先的"赚钱时间"①，通常会享受超越平均收益的超额产品收益。当市场中有企业发现了这一新品类，就会立即追随生产，投入市场。我们把这一批企业称为"追随企业"或实行"追随战略"的企业。这时，由于产品供给的竞争加剧，该新产品的超额收益就会被稀释，小于第一阶段的超额收益。我们把这一阶段称为"超额收益平滑期"或"产品快速成熟期"。再往后，又有更多同行甚至非相关多元化竞争对手进入市场，产品的竞争度再次提升。在该产品没有强势而明显的品牌建设与进一步细分市场的前提下，该产品的超额收益往往会更加被稀释，甚至慢慢接近于全社会平均利润。我们把这一阶段称为"产品成熟期"。在"产品成熟期"内，参与竞争的企业要么通过细分市场走差异化路线（注意，这是非常难的），要么挖掘内功，通过严苛的成本管控进行成本竞争。

---

① 这段"赚钱时间"即超额收益期，也称行业套利期，是一个产业阶段性的时间窗口。

　　所以从时间维度上讲，任何一个产品赚不赚钱、赚多少钱是有关"时间"的问题，从最开始的"独享超额收益期"，到有一定追随者的"超额收益平滑期"，到最后只能保有平均收益的"产品成熟期"，这是任何一种参与充分竞争的产品都逃不掉的"利润赚取周期"。其实，这与企业家常说的"早进入、赚快钱""后进入、赚小钱""晚进入、当接盘"是同一个道理。

　　当宏观经济进入"新常态"，人均收入的提升使消费者对于美好生活的要求越来越高①，对于产品迭代更新速度的要求也越来越高，出现了越来越多的"定制化需求"。这一收入因素作用下的消费市场升级直接导致产品生命期越来越短，产品赛道切换频率越来越快，最终使得"产品的超额收益期"越来越短。占有头部、先导地位的产品所获取超额收益的空间越来越小，追随产品的必要性也越来越低。**未来的产品竞争将以"品类更新"逐渐替代"产品更新"。**追随企业发现先导产品，不必拼命仿制、追随，而要扩大视野，等待下一轮的品类更新，再进入赛道。

　　（2）"收入"新常态导致的"用工"变化

　　"收入"的新常态可以分为人均收入与收入结构两方面。

　　一方面，人均收入显著提高。从全国范围来看，最近几年各地职工

―――――――――

　　①　"消费升级"对应的深层结构性问题是"跨越中等收入陷阱"。

平均薪酬与劳动力市场平均工资都在持续上升。这对企业经营最直接的影响就是用工成本增加，并且工资薪酬具有向上的弹性，少有向下的弹性，也就是说员工薪酬一般"只能涨不能降"，故员工薪酬占据了企业经营大量的成本空间和现金流量。长期来看，劳动力平均薪酬持续上升是大概率事件。所以企业经营的实际压力在增加，付现成本在增加，资金链断裂的风险与运营风险也在逐步提高。

随着"收入"提升的新常态，劳动力因为消费升级所培育的市场信心与独立性大幅增强。员工，尤其Z时代员工越来越难以接受重劳动力、环境严苛的工作。这就是不少客户，尤其是制造业客户向我反馈的问题："百功老师，工厂很难招人，工资都很高了也招不到年轻人。好不容易招了人，刚刚培训上岗，干了两个月就离职了，怎么都留不住。"

我认为，这一现象是客观的、必然的，是中国经济从中低收入进入中高收入的"收入"新常态所决定的，并非一个行业、一个城市、一家企业独有。其本质是"收入"新常态传导到底层商业逻辑所带来的影响。过去，在收入处于中低水平的阶段，劳动力供给非常充分，劳动力的生存需求占第一位。而随着收入转入中高水平后，劳动力对于工资提升的敏感度在降低，增加1 000元月薪所带来的刺激远小于10年前增加200元工资带来的刺激。经济学上称之为工资的"边际贡献"在减少。

另一方面，"收入"结构也有改变。财产性收入的比重越来越高，家庭代际收入的转移在不断提升，也导致员工对于工资的敏感度降低。

打个比方，你招一个 Z 时代的员工，月薪 8 000 元，但他有股票、房租等财产性收入，同时他又是家里的独子，父母每月都给予其收入补贴，所以 8 000 元月薪占他个人收入的比例并没有太高。针对这一类员工的人力资源管理和激励约束与 20 年前就明显不同，需要企业内部管理精细化研究，优化薪酬激励与收入分配机制。所以，**"收入"新常态对于劳动力市场的冲击也非常大，对于企业内部经营的精细化要求也越来越高，并且这个过程是长期的**，值得我们更深入地研究。

3. "竞争"的新常态

面对这样一个蕴藏经济危机与经济停滞风险的历史时期，企业怎么应对？怎么独善其身，甚至逆势而为？这里隐藏着一个更深刻的问题，那就是怎么面对新的竞争与"竞争"新常态。

改革开放初期，投身市场洪流的企业家群体都有一个共同特征，就是"敢闯"。"闯"字很好地诠释了第一代中国企业家精神——敢为人先，义无反顾。那时的商业竞争更关注"快""狠"，用较为粗放甚至野蛮的方式促使企业快速增长，实现资本增值，占有市场份额。这一时期的企业竞争方式带有典型的"不成熟市场"的特点——外部经营野蛮，内部管理粗放，将企业增长几乎等同于业绩增长、市场份额增长与利润增长，没有甄别"良性增长"与"恶性增长"，因此背负了历史的欠账。

什么是"竞争"的新常态呢？其实就是党中央提出的创新驱动发展战略，实现经济高质量发展的问题①。那么企业该如何应对"竞争"新常态？我认为可以从以下三个方面入手。

（1）以"研发思维"应对"竞争"新常态

何谓"研发思维"？研发活动的最大特点是什么？我认为是"投资的持续性"与"试错的容忍度"。每一家企业都应该拥有"研发思维"。

研发活动涉及新产品、新技术的研究与开发环节，需要大量现金投资作为支撑，通俗地讲，就是需要持续"烧钱"。同时研发活动的对象具有高度的不确定性，研发投入与产出成果之间不一定有对应关系，也就是"钱容易打水漂"。这就需要企业对于研发投入要持续，对于研发中出现的错误与弯路要能够容忍。

这两个特点综合起来即是"研发思维"：一是企业经营要能够沉下心去，不随市场的起伏而心猿意马，坚持一个方向并且长期细化与深耕，以咬定青山不放松的心态去经营企业。二是企业经营管理要逐渐改变"家长制""师傅制"这些单一核心、众星拱月似的管理体制与权力结构，将企业不断扁平化、灵活化，最大限度激发每个人的内在潜力与创造力。这一点，企业要勇于挖掘与信任员工，而不是视员工为打工工具或只求谋生的下属，要能够容忍新人的新想法、新文化，要敢于授

① 创新驱动不同于要素驱动，是实现经济高质量发展的内生动力与演化逻辑

权、放手让员工去办事，容忍错误。

这就是"研发思维"。其对于企业实现"成熟市场下的良性增长"非常重要，是塑造适应成熟市场下企业文化的首要问题。

（2）以"创新思维"应对"竞争"新常态

根据北京大学国际发展研究院林毅夫教授团队的研究，中国经济如果要实质性赶超美国经济，成为世界第一大经济体，那么从 2020 年开始的未来 30 年，需要维持 5% 左右的年均增率。按照当前的经济周期理论与要素投入情况看，要实现这一点是很难的。通过要素投入支撑的经济增速能维持在 2.5% 左右，其余只能来自于"创新驱动"下全要素生产效率的提升。这是大局，也是现实。

处于大时代、大战略背景下的企业，需要不断培育"创新思维"，在企业管理中体现"创新思维"。具体怎么做呢？

第一，要明白"返本开新"的道理。

企业管理既要追潮流、赶热点、出爆品，也要有战略定力、回归经营管理与行业产业的"大本"。道家思想反复提到"返本开新"的道理，就是说真正的创新、开拓新局面、打开新天地，需要先回归到最基本、最根源的视角去思考问题，而非简单地向潮流与潮头要发展、寻路径。

我的一个私董会学员是湖南某农业机械厂创始人，公司原来主营传统的农业水田耕种机车与机具。农业机械行业属于半市场半行政指导行业，国有企业、国有大厂拥有技术、市场、品牌等各方面的优势，民营企业难以与其正面竞争。所以企业要发展，要么为国有大厂提供配套服务与下游生产，成为其供应链的一环；要么依附于国有大厂，进入其生产链，成为其半控制型企业。我从接触这家企业开始，就感受到该企业负责人有着强烈的创新与发展意识，也就是企业家精神。经过多次交流，我高度认可并积极鼓励其大胆创新。

这家企业的创新点在哪里呢？

我们运用"返本开新"思维，从产品源头、企业源头思考。作为一家农业农机具企业，他们的"本"是什么？就是为广大农民解决现实的耕种问题，为国家农业机械化贡献力量！顺着这个思路，我们发现南方山地丘陵水田都是一分地、甚至半分地，地块太小，传统农业机械根本无法使用。那么，为农民兄弟提供一分地、半分地都能有效使用的农机具就是创新点。后期，该企业就按照这个思路研发产品，迅速打开市场，在竞争中实现了超越。

第二，要有"守弱而不妄为"的思维。

当企业面对变局、难局与困局时，通常不会轻易言败，这体现了中国企业与企业家的韧性，是非常重要的优点。但是当局势不明、态势不清时，不妨先退下去，主动收缩战线、提高流动性资产与现金比重、静观市场变化与行业变动，把外界的破坏性冲击降到最低。这就是"守弱"。

同时，在"守弱"时能够管住手、管住冲动、经得住忽悠而独立自守，不盲目做破坏自身财富与企业价值的事情，这就是"不妄为"。

就像股票投资中，大量的统计数据表明，坚持长线"价值投资"而非"短线交易"更能获得收益且回避风险。其中的道理明确清晰，却少有投资者能够做到。为什么呢？就是很少人能"守弱而不妄为"。要知道，市场的波动不是我们所能控制的，我们只是价格的接受者，任何因主观心念而起的自负，很容易造成不可挽回的损失，这一道理对于企业增长同样适用。拉姆·查兰讲的"恶性增长"，就是看似增长了规模、份额，实则是以透支未来而得到的虚假繁荣，是"为了增长而增长"的逞强和妄为之举。

（3）以"专业力量"应对"竞争"新常态

企业与企业家都知道专业人士的力量与重要性，尤其是在核心技术与核心研发方面更是如此。但我想强调的是，对于隐性的专业力量的重视。所谓"隐性专业力量"，是除自然科学与物质技术以外的，包含创意设计、管理专业、沟通技巧、公关能力等软性的、非显性的知识与专业。

相信专业的力量，其实就是促使企业家将自己的经营经验上升为"商业理性"的过程。这也符合前文所述的"理性增强"这一新常态商业实践方向。

很多企业家常说："我是干出来的，肯定比你说出来的要真实、要管用。"言之有理，但我认为这句话对了一半、错了一半。对的是，企业家的切身实践肯定是最接近企业真实情况的，没有任何人比企业家更了解企业，这是经验主义的问题；错的是，企业家们干出来的方法与经验，在没有经过理性洗练下，换一个环境、行业，换一个时间段甚至项目都不一定管用，这也是一个经验主义的问题。

切身经验因为最接近"信息的策源地"，因而最具有直观性，也拥有大量语言、文字甚至行为所不能覆盖的"默会知识"（这是著名经济学、奥地利学派的哈耶克思想的精髓），所以企业家的经验就是最真实的。但是，企业家从自身经验得来的管理办法，并不是来源于全社会、全行业的大样本经验，还没有上升为"理性"的方法论，仅仅是特定环境、特定时间下的局部知识，一旦环境、时间发生变化，这种经验方法很可能就真的不再管用。

"成熟市场"是一个参与者高度理性、博弈高度复杂、信息充分流动的市场。信息价值显著减弱，但分析信息的价值显著增强。行动的参考意义显著减弱，但构建行为模式的价值显著增强。换言之，专业的力量正以深度挖掘、深度学习、抽象建模、行为预期的方式，更全面、更充分地渗入企业管理实践。

小结

无论如何，我们都已置身于不可逆的历史大变革之下。宏观经济增速放缓的同时，各行业也由"快速成长期"进入"成熟期"。行业成熟期主要特征有以下几点。

◎行业整体成长机会有限：很多行业长期处于低速增长，甚至不增长、负增长时期。

◎行业竞争加剧：价格战时常发生；其他行业巨头利用平台或生态系统优势进入本行业进行跨界"打劫"。

◎用户的需求极致化、多样化、个性化：消费者在对"基本功能"极致化要求的基础上，还要既能解决"痛点"，又能满足"爽点"，还要拥有"差异点"。

◎产品生命周期大幅缩短：推陈出新速度极快，即便"爆品"也难逃"短命"。

企业家须明了"所处之境"，方可循"心之所向"。不论是由宏观、中观、微观变迁形成的新常态，还是新常态对底层商业逻辑的冲击，我们都必须开始有意识地接受"预期""收入"与"竞争"的新常态，培育"良性增长"的新思维。

应用思考

　　无论你是企业主还是核心管理人员，请思考并梳理：

　　1. 你的企业属于什么行业？近三年来企业收入、利润、利润率等核心指标的增长速度与行业整体相比，处于什么水平？

　　2. 你是如何看待经济新常态下的预期变化、用工变化和竞争变化的？

　　3. 在应对竞争中，你所在的企业是否使用了研发思维、创新思维和专业力量？效果如何？为什么？

CHAPTER 2

企业增长、良性增长与成熟
市场下的良性增长

本章导读：

　　增长是企业生存发展之本，但并不是所有的增长都能促进企业发展
与价值实现，甚至有些增长不仅不会带来价值的增加，反而会带来企业
价值的损失和破坏性的发展。所以企业必须实现良性增长。良性增长的
前提是企业必须具备"盈利性""可持续性"与"高投资回报率"三个
相互依存、高度融合的特性，缺一不可。

　　在当前这样一个充满变化与挑战的"成熟市场"中，企业增长的
路径与良性增长的模式该如何更新与修正？

　　本章将循序渐进地解读增长的三个层次，构建企业经营管理的底层
逻辑。

◀ CEO ▶

一、企业增长

1. 企业增长的起点与方式

如果以"怎样看待企业"来划分经济思想，大体可以分为两个流派。

一种是以亚当·斯密《国富论》为起点的经济思想，更关注市场而有意无意地忽视企业的地位。后人一般称之为古典经济学与新古典经济学，他们把企业看作是一个"黑箱"，只要往里面投入资本、劳动力、土地与企业家才能，那么企业就能"自动"产出各种商品与服务，也就是说，企业就是市场的原子。既然是原子，那么企业就不该扩大，也不该缩小，就是一个生产函数。

另一种是以罗纳德·科斯创立的新制度经济学为代表，将企业与市场看作"彼此替代"的关系。市场多一分，企业就可以少一分，企业大一分，市场就可以被替代一分。极端情况下，市场可以被企业所替代，形成一个"超级大企业"，同理，企业也可以被取消，形成一个"超级大市场"。

这两种思考方式，其实告诉了我们企业的范围与企业增长的起点。企业可以很小，只要比一笔交易大，就可以有企业。企业也可以很大，只要不形成托拉斯这类超级垄断，都是企业的范围。罗纳德·科斯在《企业的性质》中指出，企业存在于交易成本与组织成本的平衡之间①。企业之外是纯粹的市场范畴，市场中存在的是交易，每一笔交易存在尽职调查、谈判、订约、履约与监督等一系列成本，交易越复杂，成本就越大。联系到政府不断提出的"简政放权""简化行政审批"，其本质上就是为了降低全社会的交易成本。

那么我们可不可以不用交易这种手段呢？当然可以，那就是社会的交易行为"内部化"为企业的生产与管理活动，在企业内部用企业管理手段完成资源生产与分配。这时的谈判、履约、订约与监督等交易成本就转化为建立与维持一个企业所需的管理成本了。在商业实践中，我们经常会发现两家独立处于产业链上下游位置的企业，双方之间的商品与服务流通是以交易的方式完成的。但如果其中一家企业通过并购，尤其是吸收合并这种方式，将独立的两家企业整合成了一家企业时，那么之前需要通过市场交易来完成的商品与服务流转，就转化成了一家企业内部的资源配置。这就是企业范围的扩大取代了部分市场空间。

看到这里，细心的读者就一定会明白：企业增长大致是通过上面两种方式来实现的。

第一种企业增长就是我们所说的亚当·斯密式的，通过投入更多的

---

①　交易成本是一种看待经济学与企业管理的视角，从不同于古典经济学的思路去研究看待"企业为什么存在"的问题，并以此开启了数十年的制度经济学流派，成为现代管理学主流实践的理论基础。

生产要素，比如资金、留存收益、外部融资、人力等资源来实现。这种增长我们一般称为"要素驱动型"的增长。

第二种企业增长是罗纳德·科斯式的，通过扩大企业的边界占有市场空间来实现。商业实践中往往会通过合并、兼并、重组等形式促进"企业的增长"，这种增长我们一般称为"结构优化型"的增长。

现实中，我们会发现不同规模、不同生命周期、不同市场地位的企业的增长起点各不相同。小规模、较早生命周期、处于较低市场地位的企业，多是采用"要素驱动型"增长，更关注营业收入、营业利润、现金流量、市场份额所带来的企业营业规模的提升，以及单一赛道奔跑的速度。

而大规模、成熟生命周期、处于较高市场地位的企业，多采用"结构优化型"的增长。这类行业头部企业的产品毛利率、净利率、周转率等核心业绩与运营指标都高度稳定。这类企业的增长一般很难通过继续扩张市场份额、提高营收来实现，而更多通过企业并购等手段，直接完成企业规模的扩大与赛道的增加。

也许有读者会问：如果市场宏观情况、市场结构、市场行情出现变化，或者说长期培育的市场预期与市场特点出现了较大幅度、不可逆的结构性变化，这种不确定性会带来多大冲击？对于企业经营风险的传导有多大？怎么应对？是未雨绸缪还是"躺平"？……

这些问题也曾深深困扰着我，直到多年前的某个夜晚，我豁然开朗：那么多企业管理的问题，比如发展战略的制定与执行、组织流程的优化与再造、企业营销策略的优化与分解、企业成本费用的控制与管理等，都指向一个共同的落脚点与发力点——增长。这才是企业能够存在的根之所系，也是企业面向未来的根本支撑。没有增长的企业没有回报，没有增长的企业必将陷入危机，没有增长的企业必将没有未来。

增长，既是发展战略与宏观赛道的体现，也是经营效率与管理效度的反映，还是建立预期与凝聚人心的必须，更是投资回报与商业所得的维系。一言以蔽之，在激烈的市场竞争与惨烈的产品迭代中，增长是解决一切问题的根本，也是缓和一切问题的关键。

这能很好地解释为什么很多中小企业在管理没有跟上、制度不完善与技术不成熟时，也能凭着一股冲劲与闯劲，粗放地生存甚至快速地发展下去，反而那些成熟企业、管理完善的企业在占有一定市场份额与行业地位后，就陷入了明显的经营困境甚至逐渐僵化。原因就是增长的"鲜活度"是不同的。

增长是企业生存发展之本，但并不是所有的增长都能促进企业发展与企业价值实现，甚至有些增长不仅不会带来价值的增加，反而会带来企业价值的损失，破坏企业的发展。后面这种增长，不仅不能叫良性增长，甚至连是不是增长都值得辨析。

企业增长的概念存在两个维度。**第一个维度是作为"中间指标"的企业增长；第二个维度是作为"结果评价"的企业增长。**不同维度的概念混淆，导致实务界对于两种企业增长的分辨难题。我认为，这种混淆既有理论缺失的原因，也有人为刻意为之的扭曲。本书对此将逐一分析，供读者研判与交流。

2. 作为"中间指标"的企业增长

这个维度的企业增长不应算作企业增长，很多情况下，这样的增长都是沐猴而冠。

我们先假设一个案例。2022 年 4 月，A 公司召开股东大会。董事长兼总经理李先生，代表董事会和高管团队宣读《A 公司 2021 年度报告》。李先生宣布：A 公司 2021 年度实现营业收入同比增长 15%，利润总额同比增长 5%。2021 年度完成重大资产并购，实现固定资产增长 80%，总资产增长 30%。宣布 A 公司实现预期增长目标，并提请薪酬与考核委员会，按照《股权激励计划》条件，发放现金红利，开展期权配送。

请问，你是否同意李先生的说法，A 公司 2021 年实现了重大企业增长。

有人可能会表示认可，理由是 A 公司实现了固定资产增长 80%，总资产增长 30%，营业收入同比增长 15%。这三大"亮眼"的指标增长都在两位数以上。按照"企业做大做强"的感觉和对于企业增长字面意思的理解，A 公司实现了企业增长。

但我基于多年专业企业管理咨询的实战经验与对良性增长专题的研究，可以非常负责任地告诉大家：A 公司根本不能算作实现了企业增长。因为"固定资产""总资产"与"营业收入"这三个看着挺吓唬人的指标，其水分非常大。它们都有一个共同的特点，就是都属于"企业规模"类指标。"企业规模"类指标虽然能够说明企业规模的增长，但并不是所有的规模增长都有意义、都能创造价值并助益企业未来发展。企业规模类指标比较容易受人为操控，更重要的是，企业规模类指标至多可以算作"中间指标"。

"中间指标"是指这一类指标只是一个过渡，它既可以指向好的结果，也可以暗示一些坏的，甚至是管理层主观"作恶"的动机。所以，以"中间指标"来评价企业增长与否，需要谨慎。

在该案例中，作为董事长兼总经理的李先生，以"企业规模"类指标证明 A 公司实现了企业增长，并提请施行《股权激励计划》。如果 A 公司现有高管同时兼任大部分薪酬与考核委员会委员，尤其李先生如果是具有实际影响力的委员，那么即便不在现场，我们也可以大概率得出"A 公司管理层借规模扩张来谋求管理层私利"的判断。

通过这个案例，我们能够发现如果按照企业增长的字面意思，企业总资产、核心资产、营收等规模指标的增长，是完全可以支撑企业增长结论的。但遗憾的是，这往往不是事实，至少不是全部的事实。企业增长很容易掉入"中间指标陷阱"①。在实战中，如果有企业用"企业规模"（资产、固定资产、人员数、没有利润与现金流匹配的营业收入、项目数、在建工程数等）来引导人们相信其实现了企业增长，那么不仅这种企业增长本身很可疑，其背后管理层的动机更加值得玩味。

3. 作为"结果评价"的企业增长

企业增长的概念与实践，应该是一个基于清晰事实的结果，而不是上文所说的结果未定的"中间指标"。这里的"清晰事实"需要有严格的标准与指标来佐证。比如拉姆·查兰在《良性增长》中指出所谓"良性的增长"应该同时具备"盈利性、可持续性与高资本回报率"，而不满足这些条件的所谓企业增长很可能是恶性增长。这里要特别指出的是，拉姆·查兰确定的这三个标准是来源于对净资产收益率（ROE）的杜邦分解，并非新东西，但却有其内在逻辑。

按照"清晰事实"的标准，"盈利性"与"高资本回报率"勉强可以做到（注意我的用词是"勉强"，因为这两个指标也可以造假，且并不太难），而"可持续性"就难以说是"清晰事实"了。因为无论是用运营效率还是以某种数据的增长性来衡量，都是间接证明，绝非直接事实能够佐证，并且"可持续性"本身就蕴含着"预期"。

———————————

① "中间指标陷阱"是企业内部管理层因私利而背离企业整体利益的表现。

企业增长必须是能够有效验证的事实类"结果评估",而不是"预期企业增长"与"可能的企业增长""伪装的企业增长",甚至是"恶性增长"。辨析了这一点,那些大量充斥于实务界的模糊概念、营销概念与炒作概念,就容易去粗取精、去伪存真了。

4. 营收、市场份额有增长边界吗

曾经有若干企业家询问过我这个问题,他们很关心自己的生意是不是可以保持不断的增长,直到他们心满意足。

我的回答是:"是。"为什么?

因为任何单个企业都不可能覆盖全行业,都是规模有限的企业。既然规模有限,那么理论上讲,持续"要素驱动"下的增长就是可以实现的。

当然,也会有不少企业家反驳:"我连续三年投入资金,怎么营收完全没有起色?""我扩大了团队规模与业务覆盖面,怎么利润还在下降?"……

通过投入资金、人力与精力当然是可以推动企业增长的,这个关系大致是倒"U"形,即有一个投入产出最有效的区间,过了这个点,增长的速度会减弱。所以单个企业当然可以通过加大投入而获得持续的企业增长。

但问题是你怎么知道投入的资金、人力与精力被放到了正确的地

方，并且被正确使用了？这是一个更加复杂的问题，涉及到本书的核心——"良性增长"，这里先一笔带过。投入的资源再多，账面上增加的仅仅是资源规模（如资金、资本与设备），这种资源规模的增加能等同于企业营收与利润的增加吗？很显然这完全是两回事，中间至少隔着"有效经营与管理"这条河。

所以对于这个问题的完整回答应该是：营业收入、市场份额几乎没有增长边界，即使在一些看似"成熟的行业"里，企业增长边界也几乎没有。但问题是企业的运营与管理水平能够保证资源投入使用的有效性吗？

5. 企业规模有增长边界吗

我的答案很明确：**企业规模的边界不能无限增长，即使它的内部运行是有效的**（注：内部有效不等于外部也有效）。在某次私董会上，我向学员发问："如果一个企业足够优秀，技术先进、管理高明、文化优秀、品牌完美，总之一切都好，那么这家企业应该兼并失败的同行企业吗？"学员们几乎异口同声地回答："应该！"我接着问："那这家企业应该一直兼并下去，直到兼并所有的同行企业吗？"这时学员们几乎都陷入了沉默。

为什么会这样？因为我们都会有朴素的质疑："一家独大"真的

好吗？

肯定不好。因为一家独大后，制衡在哪里？监督在哪里？约束在哪里？替代在哪里？无论企业多么优秀与强大，其规模边界都必须要受限制。限制的标准就是：企业规模达到垄断而要形成"负外部性"的时候①。通俗来讲，就是企业太大，大到可以通过主动划分市场中消费者的类型来占有超额的垄断利润。举一个例子：世界各国的通信运营商，都推出了非常多的话费套餐，他们这样做就是为了通过套餐标准把所有消费者进行分类，最大化地赚取每一个消费者的利润。当然因为这种"垄断者"往往是国有产权，其收获的垄断利润可以通过国家转移支付，完成公民的二次分配，那就另当别论了。

6. 企业增长的速度

企业增长的速度有多快？有什么样的方式可以加快增长速度呢？

企业家既关心企业能不能实现增长，也关心企业增长的速度，当然企业家都希望自己的企业以最快速度增长。

我的结论是：**一定标准下，企业增长的速度是可控的；而达到一定速度之后，企业增长速度就要受外部形势左右，不可控。**

一个企业身处风口行业或快速倍增的行业，只要完成了企业基本面

---

① 行业垄断一般是经济良性发展的障碍（排除自然垄断），也是居民福利的减损因素。

的建设，并且在企业极限风险控制能力内，企业增长速度就是行业倍增速度。这是一个外部推动的增长，不算独立的企业行为。

当企业处于正常增速内（我的设定标准是总资产收益率的2.5倍以内），企业增长是受自身"行为—过程—结果"逻辑支配的，即"符合增长的行为—有效管理的过程—符合市场需求的结果"。这里的增长是一种正常的增长，也是普智咨询选择良性增长系统服务对象的标准。那种处于风口上倍增的企业，我们一般不接（这种企业大多也没有时间与精力做咨询）。当然，对于那种自身组织建设严重缺失或处于严重危机中的企业，我们也不会给其做良性增长项目，因为它们此时最需要的不是增长而是"纾困"。

在正常增速内的企业除了受"行为—过程—结果"逻辑支配外，还会受企业外部杠杆的加速影响。比如，有银行贷款的企业，在同等条件下，就会提高5%以上的增速。这背后涉及固定资金成本（贷款一般都是固定利息）在企业增速中的"放大作用"。在专门的资本运作和保证企业主力产品一定毛利率的前提下，我们建议客户通过适度举债来提高企业增速，实务界一般称之为"加杠杆"①。其实，中国经济任何时期的头部企业，其风光无限的背后，都不约而同在践行"加杠杆"。有财经专家甚至明确指出：资本运作的核心只有一个，就是"加杠杆"；

---

① "加杠杆"是一个实务界的通俗提法，它是对通过固定付息的债务资金以"撬动"更大总资产的工具的统称。"加杠杆"一方面放大了自有资金限制而快速获取规模效应以实现企业增长，另一方面也放大了企业经营风险而逐步积累破产危机，所以"加杠杆"是中立的。

如果非要加一个前提，那就是保证不爆雷的情况下"加杠杆"。这也是常规企业（处于行业风口上的企业除外）在正常增速内能够获取最快增长的最有效手段。

7. 企业增长的风险与风控

企业增长有没有风险？有哪些风险？怎么控制？

企业增长的过程就是风险积累的过程，并且这个过程一定会发生，即使企业建立了高效的内部控制制度与风险管理机制。

举个实例：2023 年一季度，我有一位客户公司营收实现了 50% 增长（同比 2020 年前水平），企业无疑处于快速发展中。但该企业在订单、生产、发货与回款环节都出现了风险管理事故。具体分析后得知，订单管理专员编制是 4 人，业务暴增后从其他后台突击调入 4 人，但订单错单率大幅度增长，甚至造成后续生产紊乱，为此企业还半停产 1 天排查事故责任。同时，发货环节与财务回款环节出现严重工作冲突。原有标准是收到买方 20% 预付款后予以发货，但由于订单、生产量猛增，发货挤压严重，发货环节为了快速发货就放松了付款条件要求，导致发货与财务严重对立，最后不得不暂时以订单进行发货管理。这个例子说明，企业快速增长会自动冲击原有的管理体制与组织能力的极限。相对业务增长，组织能力与管理体制更新的速度是滞后的，增长带来的风险会日积月累，直到出现管理漏洞级的失能为止。

以上只是"要素驱动型"增长带来的风险提示。如果是并购活动导致的"结构优化型"增长，企业面对的将是更加复杂的跨行业、跨国度、跨文化、跨管理技能、跨运营经验的整合矛盾。

根据多国市场实证显示，大多企业在兼并、收购、吸收合并、控股合并后，市场反应与业绩表现都会出现下降。大致是 3 年内，90%"被并方"会出现营收与利润的明显下降，50%"主并方"出现营收与利润一定幅度下降。这就是"并购风险"或"并购魔咒"。

是什么原因导致下降呢？主要是企业并购带来的增长与其管理水平的不匹配导致的。只要存在并购活动，无论多大规模多具有优势的企业都很难事前控制风险。只能事后通过内部整合慢慢化解与吸收风险。无数优质企业的兴衰交替都是因为某一次或某几次重大的并购活动导致的。

为什么市场中还是不断有大型企业前赴后继积极寻求并购，甚至不顾风险地并购呢？如前文所述，因为较大规模、较高市场地位的企业靠营收、利润与市场份额已经无法取得有效的增长了，往往会通过并购这种"结构优化型"方式来实现企业增长。

不过，这类增长真的是"企业增长"吗？接下来我们看看什么是"良性增长"。

二、良性增长

1. 何谓良性增长

拉姆·查兰在《良性增长》一书中，明确指出：只有具备盈利性、可持续性与高资本回报率的企业增长才是良性的增长。按照这个标准，"增长停滞或业绩暴跌"就是企业良性增长的对立面。

根据我们长期追踪的大量中小企业发展数据与统计指标，我们必须面对这样一个"严酷"的事实：研究样本内 60% 的企业在 3 年增长期后就陷入了低水平的增长或者增长停滞，5 年内还保持持续增长的样本量更少。这自然就引出一个商业事实："增长并不是企业生存发展的常态，能够持续增长是一件很困难的事情。"

所以，我在和客户交流时经常提醒他们：在快速发展中不要盲目乐观，不能被短期增长迷住眼睛，更不能被迷住心灵，要保持审慎敏锐的思路，居安思危，在业绩增长时思考市场收缩时的应对之道。这也是"反者，道之动"的东方管理智慧的体现。任何"只知进，不知退""只知生，不知死"的单向度思维都是心智不成熟和主观主义投机侥幸的体现。

另外，更令人担心的是企业虽然在增长，但却是以透支未来、掏空企业、饮鸩止渴似的"恶性增长"。这是一种比粗放增长还要恶劣的情况，因为它往往会给企业家以虚假繁荣的假象，放纵企业家心里盲目乐观的"魔鬼"，诱使企业家枉顾现实短板与潜在风险的情况下，盲目扩大资源的投入，甚至跨越主营业务"非相关多元化"，进入一个看似鲜花着锦，实则暗流涌动、水深火热的赛道。在别人熟悉而你陌生的圈子里，轻则吃尽"信息不对称"的亏，含怨割肉退出认输；重则输掉全部筹码，直接拖垮主营业务，输掉自己熟悉的赛道。这样的案例，从西方的商业实践到我们改革开放以来的商业史，比比皆是，以至于被称为商业发展的"血泪史"。

　　但为什么这样的案例此起彼伏、络绎不绝？就是因为很多企业家们没有树立良性增长的经营习惯与经营思维，不能辩证区分恶性增长与良性增长，误将透支未来、没有盈利性与可靠资本回报的增长视为良性增长，误将由于市场宏观机会鹊起而带来的行业红利期视为自身管理成功与企业增长的结果。需要说明的是，这种增长的"恶性"并不直接指向业绩下滑与经营风险，而更多关乎宏观经济与市场整体风险，也是我经常强调的"系统性风险"。

　　我们有个全年全案深度咨询管理的客户，是做医疗器械销售的。这几年由于各方面原因，与医疗相关的企业发展得还不错，营收稳定增长、利润稳定实现、现金流也稳定。所以这家公司的老板告诉我："百功老师，我们公司里连续几年都保持了高位数的增长，我可以明确告诉

你，我们的业绩没有问题，不需要分析与优化，你们主要做做企业制度
与组织能力建设就行了"。出于职业经验与专业素养的敏锐，我直觉这
位老板所说的"业绩没有问题"很可能存在问题。他所谓的增长需要
辨析是源于行业整体增长所致还是企业个体经营能力所致。如果是后
者，那可能就是我作为管理咨询师的审慎习惯（我认为这种审慎是必须
的，是职业素养也是对客户的高度负责）；但如果是前者，那我就不认
同这种增长是良性的，至少需要回答增长的可持续性问题。

2. 盈利性与良性增长

盈利与增长是一对基本关系。盈利是企业增长的物质前提，只有实
现了盈利的产品才能支撑业务的增长，只有实现盈利的企业才能维持企
业规模的扩张与市场地位的提高。但是盈利是一个复杂的商业范畴，比
如，按盈利口径分，有产品盈利、品类盈利、区域盈利、企业盈利等；
按时间口径分，有当期盈利、未来盈利、扭亏为盈、盈利平滑等；按盈
利质量分，有及时回款的盈利、应收状态的盈利、坏账状态的盈利等。
在此列举部分盈利类型，便于读者了解并参照运用。

（1）产品盈利

产品的盈利是企业最基础的盈利能力，代表企业主营业务的竞争力

水平与产品附加值水平，常用产品毛利率来衡量。一般而言，产品毛利率达到企业总资产收益率的 2 倍以上，才算是实现了最低限度的盈利与创造价值，不然该产品就是企业成本与资源的损耗。产品竞争力水平往往关联企业成本控制的水平，能够在同类产品生产中维持较低的主营业务成本，就是成本费用控制实现的价值空间。这一点也是企业经营管理"内部精益化"的基本着力点。尤其是在"不确定性收敛+商业理性增强"的"成熟市场"中，挖掘内部管理潜力，细化成本管控渠道，可以为企业产品毛利开拓更大空间。

而产品的技术、工艺、创意、品牌等软性资源的"注入度"则通过产品附加值衡量。产品附加值常常决定着产品超越同类品的价值幅度与定价增益，贡献了产品盈利的"外部精细化"价值，也是产品实现超额收益的主要来源之一。正如我经常对客户所说：如果我们觉得产品没有创新与创意，那一定是我们对于市场划分得不够细、不够深入。只要不断精细化，肯定能够出现创新点。

（2）品类盈利

某一大类产品的盈利水平反映的是产品的供需关系。一般来说，品类出现的早期，供给是不充分的，有效需求一旦培育出来，该品类的盈利就能够维持在较高水平。但随着品类竞争的参与者增加，供给量增大，品类的盈利水平会逐渐回归正常。到最后，品类竞争参与者开始拉低定价，以"低成本＋价格竞争"收割这个成熟的品类时，该品类的盈利水平会进一步下降，最低可以触及其"边际贡献等于零"的价格水平。

品类盈利更多时候反映市场的景气程度，是企业进入或退出某一赛道的主要参考维度。一般来说，高品类盈利会吸引较多该赛道外的竞争者进入。

(3) 区域盈利

盈利在不同区域、不同地域上出现差异，这既反映了此区域市场潜力的问题，也体现了区域经营管理水平的问题，还关系到企业划分战略布局与深耕区域的选择问题。比如，企业管理咨询公司，在上海、深圳分公司的盈利水平显著高于其他地区。这既是上海、深圳地区经济社会发达，企业管理咨询需求更旺盛的体现，也有上海、深圳分公司团队运营能力较高的原因，所以咨询行业头部企业大都会把上海、深圳作为其战略布局的核心。

(4) 企业盈利

企业盈利不同于产品盈利、品类盈利，它是公司整体盈利能力与经营成果的体现。一般用利润类指标来衡量企业整体盈利能力。比如，净利润代表企业支付了产品成本、人员成本、企业运行成本、非经常性活动成本、税收成本后的剩余，是一种既反映企业市场竞争力，也考虑内部管理能力的综合盈利水平。

（5）时间维度上的盈利

企业盈利既是事实，又可以是"数字"。正如前文所说，拉姆·查兰将盈利性作为良性增长的第一个衡量标准，其实是存在风险的。因为企业盈利的数字在时间维度上存在"左右腾挪""前后转移"的空间。企业家要明白，盈利除了有高低水平之分，还有不同时间上的前后考察。

当期盈利，指企业今年赚取了多少钱。未来盈利，指企业预期未来年度可能会赚多少钱。细心的读者会发现，未来盈利水平的高低其实关系着企业的可持续性。我们说一家企业盈利能力强，一定是包含着本年已赚取的钱和未来能赚的钱。任何一家企业如果只拿当期盈利说事，没有给出可持续发展的相关支撑数据，那么我们对于其增长能力是没有信心的。从某种意义上讲，未来盈利能力的重要性高于当期。这就是我们所说的"企业经营看过去，投资盈利看未来"。

正是由于"时间性"的道理，懂得"盈利"的企业，总是会小心翼翼地呵护"盈利"。将它们以很精准的、对自己最有利的方式在时间维度上"埋伏"与"释放"。比如，某些对企业很关键的时期，需要给市场、投资者、所有利益相关方展示高盈利能力的形象，可能就需要提前"埋伏"盈利，并在适当时间"释放"。这是一个会计技术问题，更是一个高层次的管理问题。

（6）盈利的质量

对于企业经营和企业增长，盈利就像黄金一般珍贵。同样，像黄金会划分成色一样，企业的盈利也可以划分"成色"。既有"高纯度"的企业盈利，也有混含杂质、"成色"不纯的企业盈利，甚至还有初看金光闪闪，但内部却是一团生铁、一块顽石的"假盈利"。所以盈利的质量问题，既是对企业盈利能力的判断，也是区分良性增长与伪装成良性的恶性增长的关键。

如果一个企业告诉你它的盈利水平很高，净利润很高，但盈利大多是应收状态，甚至更长期到"恶化"为坏账，你还认为这家企业的盈利能力真的高、这家企业在实现良性增长吗。

我认为，衡量企业盈利能力治理最实用的"金指标"就是经营活动现金净流量[①]。以国内某行业的某个大集团为例，在该企业巨量负债爆雷之前，因其巨大的体量与企业老板的威信，没有人会质疑它的规模与实力、质疑它的销售情况、质疑它天量营收支撑下的企业盈利能力。

————————

[①]　经营活动现金净流量之所以是衡量企业盈利能力治理的"金指标"，是由于其产生于"现金制"下的核算特点所决定的，不同于盈余（利润）容易在口径与时间上被操控，该"金指标"不易被操控。同时，经营活动现金净流量还是决定企业经营风险的"金指标"，是一种核心的风险指标。

但为什么会爆雷？导火索是什么？就是需要每期付现的利息付不起了！你能说它没有资产、没有利润、没有盈利吗？都不是，而是没有可以付息的现金。这就说明它的盈利质量没有它的体量与品牌看上去那么好。如果长期关注企业经营活动现金净流量的朋友，至少应该在两年前就会发现它已深陷危机。按时间线来回溯，那时的它正是大力造势要造车的"高光"时刻。

这就是透过现象看本质。**管理是一门艺术，更是一门科学。懂得企业管理的根本原理与内在逻辑，掌握企业管理的有效工具与实用方法才是最有效的管理。**

3. 可持续性与良性增长

拉姆·查兰提出衡量良性增长的第二个标准是企业的可持续性。什么叫可持续性？我认为有五层含义。第一，企业的生命周期是稳定的和可预期的，而不是短期的投机性活动与没有主业支撑的空壳平台。第二，企业主营业务与主赛道是宽广的，未来的路能够越走越宽。第三，企业财务状况、盈利能力与盈利质量是可靠的，未来面临的经营风险是可控的。第四，企业现实选择的扩张与增长之道，不是以牺牲长远生命力为代价的短期行为。第五，企业的管理层是尽职而忠诚的，不会恶意伪装良性增长来谋取管理层私利。

以上含义所蕴含的既有企业使命与愿景、企业整体经营能力、企业
财务状况与资本运作这些"物质"因素，也有管理层动机与私利、短
期行为与长期行为平衡这些有关"人"的因素。只有可持续的企业增
长才是良性增长，才是真正的企业增长。上述任何一个方面出现问题或
者隐忧，都会损害企业增长的可持续性，所以可持续性是比盈利性更难
的一个维度。为便于读者理解，我选择其中几个要素略作分析。

（1）牺牲长期增长的短期行为

这一类行为在成熟期的大中型企业中比较普遍。其传统主营业务的
市场份额与营收增速往往处于稳定而较低的水平，产品竞争力较高，有
较高的产品盈利能力与企业整体盈利能力（剔除行业差异）。这样的结
果是什么呢？就是一方面主业没有增长空间，另一方面又拥有丰厚的现
金资源。

下面以 A 公司 B 高管为例：

B 高管的任期有限，并肩负对董事会与股东大会负责的任务。既要
考虑漂亮地完成整个任期，也想在市场中搞一些"大事件"，增加自己
的声誉。B 高管也知道大股东与投资方都是一些大型资本集团，日常没
有精力完成企业监督与行使股东权利。B 高管还知道主营业务已经是一
个成熟的赛道，高速增长的可能性不大。B 高管还持有公司不少的股
份，有一大半都已过了"禁售期"……

在这样的场景下，A 公司的管理层，会尽一切可能通过兼并、合并、控股、吸收、资产购买等形式来完成前文所述的"结构优化型"企业增长。即使企业并购的资产、企业根本不是优质资产、盈利企业，并购后甚至会导致主并方与被并方的盈利能力都下降，形成双输的局面。但是，它们确实实现了企业增长，这种并购带来的企业增长的表象与事实如表 2-1 所示：

表 2-1　并购带来的企业增长表象与事实

并购带来的企业增长表象	并购带来的恶性增长事实
资产增加，规模增大	背负了并购的债务
聚合了上下游，打通了产业链	并购的上下游企业 3 年内没有实现真正的整合。盈利、产出与管理问题层出不穷
进入了陌生的高盈利行业，开启了多元化经营的赛道	企业管理团队对该陌生行业几乎一无所知，多元化的具体战略执行问题数不胜数。多元化领域产品市场反馈差，市场中甚至出现该企业现金流紧张的"谣言"
对外塑造了积极扩张的形象，品牌价值持续增强	短期内推高了股价，增加了企业市场价值。但由于并购与整合消耗了大量资源，导致连续两年报表不好看
收购了心仪已久的某些专利技术、品牌与核心人员，增强了企业核心竞争力……	并购而来的资产、技术利用率不高，没有产生预期价值……

对比企业通过并购产生的企业增长与企业并购后 2 年内的现实情况，我们还能说当初这些并购行为、这些"结构优化型"企业增长是

一种良性增长吗？更多的人会认为这是一种赤裸裸的糟糕的并购、糟糕的增长、彻彻底底的恶性增长。

那么为什么最初会出现这种问题，企业的管理层真的那么"愚蠢"吗？为什么企业的投资与并购审核能够顺利地通过？为什么企业不老老实实地积累现金，却要干这些赔本的买卖？

寻求这个问题的答案就是在寻求企业"短期行为"与"长期行为"的矛盾来源，就是在分析与寻找企业为什么会以损害可持续性的代价来完成企业增长，就是在研究企业增长为什么有"良性"与"恶性"之别的问题。

我们接着看看上述并购完成的企业增长给 A 公司的企业管理层带来了什么：

A 公司通过并购，增加了企业资产，实现了高管薪酬激励中的关于"资产增加"的核心条款，包括 B 高管在内的高管团队顺利地获取了薪酬红利与期权。

A 公司通过并购，实现了企业规模与行业地位的增长，一跃成为区域行业龙头与地方纳税支柱，包括 B 高管在内的高管团队获得了一些社会身份和名誉。

A 公司通过并购，在市场上引起了极大关注，并购前后公司股价实现增幅 30%，期间 B 高管抛售股份获得近 3 000 万元。

A 公司并购的一家中小企业，其股权的 90% 是由 B 高管亲属持股。

在并购中，A公司以"对方企业拥有我司急需的专利技术与产业链渠道"为由，认定该中小企业的并购价格高于其估值定价区间的40%，B高管亲属因此获利近2亿元……

看到这里，不难发现，在这个虚拟案例中，管理层积极推进的企业增长就是牺牲企业长期利益换来的短期增长，是自身利益增长的短期行为，不仅没有为企业带来未来可持续的增长，反而实质性地损害了企业利益。这种企业增长就是拉姆·查兰所说的与真正的良性增长完全背离、完全对立的恶性增长，也是我在本书中致力批判的、在管理中需高度警惕的错误管理活动。

(2) 经济增加值（EVA）与企业可持续性

我们除了认识到并不是所有的盈利都有利于企业增长，需要判断企业盈利的质量，还要明白企业盈利需要带来真正的价值增加，才是真正实现了可持续性的增长。那怎么体现企业价值的增加？有客户说："实现了真实的利润，我的企业价值就是在增加"。这个说法看似没有问题。企业发生营业活动—取得营业收入—赚取利润—留存利润—投入新的运营，这样一个循环就是一个业务周转与利润转存的过程，每赚取一分钱，都在增加企业赚取下一分钱的能力，这是一个自然而然循环的可持续过程。

但是，这个过程真的增加了企业的价值吗？举个例子：A公司与B

公司同样赚取了 5 000 万元利润，也都实现了回款。按照拉姆·查兰界定的盈利性标准来看，A 公司与 B 公司的盈利性是一样的，似乎不分高下。但如果 A 公司的所有者权益是 3 亿元，B 公司的所有者权益是 5 亿元，那么哪家企业做得更好？相信读者大都会选择 A 公司。因为 A 公司只用 3 亿元资本就取得了 5 000 万元利润，而同样取得 5 000 万元利润，B 公司需要占有 5 亿元资本。

当然，这是直观判断。那能不能更精确估算出到底两家公司各自增加了多少企业价值呢？参照美国管理咨询公司思腾思特设计的"经济增加值"（EVA）概念："只有覆盖了资本占有的利润才真正增加了企业价值。"我再补充一点："只有增加了企业价值的公司才是可持续的。"这两点可以作为良性增长的判断依据。

还是这个例子，我们给两家企业资本设定每年 12% 的费率。那么 A 公司 3 亿元资本使用一年的成本就是 3 600 万元，利润 5 000 万元，经济增加值大概是 1 400 万元。而 B 公司 5 亿资本使用一年的成本是 6 000 万元，利润也是 5 000 万元，经济增加值大概是负 1 000 万元。按照以上逻辑，可以判断 A 公司的盈利水平是可以持续的，而 B 公司是没有可持续性的。就算 B 公司取得了 5 000 万元的真实盈利，也不能说实现了企业的良性增长。

（3）周转率与企业可持续性

有位企业经营者一直很困惑："我的企业毛利很薄。内部管理虽然很精益，处处都在节约成本，仍觉得经营得很累，那是不是就和'良性增长'无缘了？"关于这类问题，如果只按盈利性来判断，很难说有增长空间。

我们在调研中发现他的产品盈利能力确实很低，想推出爆品或高附加值产品拉升盈利水平也不现实。据此，我判定该企业的盈利性是难以支撑企业增长的。

那是不是这家企业注定与增长无缘了呢？并非如此。如果企业盈利不行，就在可持续性上下功夫。主动提升周转，剔除拉低周转的因素，靠转得快来实现"薄利但可持续的增长"。尤其是在经济新常态下的"成熟市场"，产品超额收益期大幅度减少，单一产品、单一品类的利润兑现空间越来越小，关注"周转率"，关注企业管理内部精益化，也是实现良性增长的重要路径。

4. 高投资回报率与良性增长

拉姆·查兰认为只有具备高投资回报率的增长才是良性增长。这里的高投资回报率是什么意思？企业具备了前面的盈利性与可持续性，难道不就是具备了高投资回报率吗？为什么还要刻意提出高投资回报率？

这里不得不提到一个金融投资领域常用的词汇"净资产收益率"（ROE）。看起来这就是净利润与净资产的比率，一个财务指标而已，似乎没有什么特别之处。但仔细研究，你会发现净资产收益率不只是一个财务指标，而是能够综合企业管理不同维度、整合良性增长"盈利性"与"可持续性"的分析框架，是一种最简洁、最快速判断企业增长与企业价值趋势的综合工具。

简单解析一下：净资产收益率（ROE）＝净利润÷净资产，可以进一步拆分成（净利润÷销售额）×（销售额÷总资产）×（总资产÷净资产）。第一个数据（净利润÷销售额）就是"产品盈利"；第二个数据（销售额÷总资产）就是"周转率"。这两个数据就是前文所述的"盈利性"与"可持续性"。最后一个数据（总资产÷净资产）叫"权益乘数"，代表企业"加杠杆"的水平，体现了企业的资本运作能力与金融化程度。就是说，企业的综合增长是由"盈利性"＋"可持续性"＋"杠杆程度"决定的。

这样就能够理解，金融投资界为何围绕净资产收益率来进行投资分析了。因为金融领域是服务"大样本与全市场"的生意，需要在上万家企业中追踪投资机会，寻找"白马"（长期绩优、回报率高并具有较高投资价值的企业或资产、股票等），根本没有精力与时间深入企业管理实践，它们只需要一个具有逻辑性、综合性的工具，能快速研判公司的盈利性、可持续性，研判企业有没有良性增长的空间。因为只有存在良性增长，企业才有未来，也才符合"当前买入—未来增值—最后出手给同样看好该公司未来的人"这一投资逻辑。所以金融活动也极度看重企业的"良性增长"。

5. 良性增长的三要素关系

拉姆·查兰界定良性增长是具备盈利性、可持续性与高投资回报率的增长。三者之间具有内在逻辑，其共同构成企业良性增长有机体系。对于三者关系的研究，能够更好地指导企业的经营管理与增长实践。

我认为这三者代表了三个不同的维度。

盈利性代表企业产品与市场竞争视角。关乎"外部市场精细化"问题。企业专注外部市场的产品竞争，会通过研究赛道、研究品类、研究产品等方式，从逐渐精细化的方向寻找企业盈利的可能。

可持续性代表企业整体运营的视角。关乎"内部管理精益化"问题。企业会从内部管理上控制住各种风险。一方面，用精益化的管理系统控制物资流、信息流、资金流、客户流，将每一个内部管理板块"立起来"与"抓起来"，避免散乱状态。这一点是为了从企业经营的"物质"层面控制影响企业未来可持续发展的风险点，不让随着"企业增长"中所必然积累的风险因素拖累未来。这是"可持续性"的第一个维度。另一方面，企业内部人员会由于自身利益选择"次优化"甚至"恶化"行为，存在追求"短期利益"损害企业长期利益的行为。这一类行为往往比"物质"层面缺乏管理系统更具危害性。建立一套有效的、覆盖从上至下的"内部控制制度"具有重要意义。只有将人的行为纳入过程可控的监督之下，追求"短期利益"的行为才能被抑制，企业的长期利益才能最大限度地实现。所以，企业需要通过"内部管理精益化"调整内部利益，进而平衡"短期"与"长期"关系，维持企业正常发展方向，推进企业"可持续增长"。

高投资回报率代表企业对于投资者负责的视角，面向的是资本市场与参与资本运作的问题。有不少客户曾向我反映："百功老师，我们是小微企业，上市融资离我们很遥远，这些东西不实在，挺'虚'，我们还是脚踏实地管理好生意。"这些说法都有其合理性，并涉及"中小企业发展资源"的困局。

就我所服务的对象而言，大部分都是"自我积累型"发展。其特点很鲜明，就是速度较慢，全靠自身净利润支撑。这就导致企业在增长路径上能够利用的资源有限，有利润就能够实现积累，没有利润发展就趋于停滞，发展的可持续性与稳定性都不强。发展资源严重依赖于经营业绩、发展速度严重受制于企业家自身财富、发展路径严重局限于自身赛道。这就是我经常思考的"企业发展停滞困局"。

高投资回报率是指把企业整体作为一个投资标的，能够吸引外部投

资者，被注入企业快速发展的资源与平台，从"自我积累型"发展转入"外部借势型"发展。

怎么吸引外部投资者与资源方的关键，就是企业能给市场展示一个具备高投资回报率的现实情况与未来预期，尤其是未来预期的高投资回报率。如前文所述，衡量企业综合增长能力的指标是净资产收益率（ROE），这个净资产收益率代表了"盈利能力""以周转水平表示的可持续能力"以及"以加杠杆表示的外部资源获取能力"。企业获取银行贷款、周转贷款、抵押质押，获取新的投资、VC/PE 等资本，都是在"加杠杆"。

很多企业家一听"加杠杆"，感觉风险会被放大，就立马摇头回绝，其实是否"加杠杆"值得商榷。企业经营者都知道创业的不易，相信脚踏实地的力量，但这并不意味着放弃"借势增长""弯道超车""趁势而起"等路径。这一点可以学习美国的创业者心态与思维。美国的创业者与企业家很会讲故事，很会给投资者传递出具备高投资回报率的形象与预期。企业经营过程都围绕不同阶段的融资注入为时间节点，每完成一轮融资，每申请一笔联合贷款，企业的增长速度就提升一个档位，企业的发展平台就提升一个档次。从而形成一个以"盈利性"为基本面，"可持续性"为未来预期，最后综合展示"高投资回报率"为焦点的"企业跨越式增长模式"。

这种模式是否一定适应中国本土的中小企业，我将在后续的研究与实战中逐步论证。但企业家需要培育理解高投资回报率、懂得用企业发展连接社会资本运作、敢于通过适度加杠杆给企业发展增速、既懂企业经营之"实"又懂资本运作之"虚"这种复合型、多元化的"企业良性增长"思维，是为良言。

三、成熟市场下的企业良性增长

无论企业规模大小、属于哪个行业、处于什么生命周期，"增长"这条企业经营之河，可能蜿蜒曲折、坦荡东流，也可能是一口垂直伸向地底的深井，但任何企业都不能离开它。没有这一源源不断的活水，再美丽的商业计划、再雄伟的发展战略、再野心勃勃的市场开拓都将没有可持续性与回报，终将慢慢变暗、慢慢变弱、直到无情地汇入衰弱之河。追求企业"良性增长"，就是我多年来所坚持的企业咨询管理的康庄大道，以及服务客户的指导方针。

但如果止步于此，就会满足于体悟之"大道"，言必及"增长"，将它教条化、僵化，成为虚无的口号。不去躬身辨析这条道的深与浅、对与错，我们就无法以专业咨询师的身份面对客户，面对中国本土企业管理的丰富实践。

其实，"增长"对企业而言并不是一个稀有、新鲜的词语。几乎每一个企业都会围绕其核心目标促进增长，会以业绩增长作为 KPI 进行考核与激励，会在其自身资源禀赋内寻求市场开拓与预期增长。就像我的很多客户都不约而同、信心满满地告诉我："百功老师，我们每年都要制定有力的营收增长与利润增长目标，并分解下派给每个事业部与分公司""百功老师，我们最近三年营收平均增长都是15%以上，我们应该没有增长的忧虑""百功老师，我们寻求普智咨询的是战略落地与规模化，利润与钱都不是问题"……

客观来说，每次面对这样的客户，我既由衷地为他们高兴，也难掩我出于职业素养与专业视角的担忧：企业已经实现的增长真的就是"增长"吗？看似营收与利润的双重增加就真的能够说明是具备市场竞争优势的吗？怎么区分市场整体红利期与企业个体经营成果之间的关系？剔除市场红利后，真实体现经营风险与管理水平的业绩是多少？当我们挤干市场的"水分"之后，谁在沙滩上在"裸泳"，一目了然。

虽然说在市场发展的不同阶段，良性增长都是企业的不二选择，但处于不同阶段的企业实现良性增长所面临的环境、所需要的资源、所具备的能力等都各有差异。尤其是如前文所述，商业底层逻辑在经济"需求收缩、供给冲击与预期转弱"三重压力下形成了"成熟市场"的新特点，相较于宏观经济高速发展期对应的"非成熟市场"的大量机会、大量套利空间、大量投入驱动型项目，经济中速阶段对应的"成熟市场"呈现明显的"收敛"态势。

供给方面，因为稳定的市场结构与同质化的竞争者，使品类的超额收益期显著降低、单一产品的盈利空间被压缩，形成一个均衡的供给侧。任何企业想通过单一产品、单一"爆品"获取持续盈利能力的空间越来越小，市场呈现出"不确定性收敛"的特点。在"成熟市场"中仅仅想通过"信息不对称""关系型业务""建立市场壁垒"以及"行政保护"就能获取稳定的供给侧优势，已经不现实了。整个市场的商业逻辑越来越清晰，各细分领域的市场结构也越来越稳定，企业想"一鸣惊人""一招鲜吃遍天"的套利型经营思路越走越窄。这就是一种均衡，市场成熟度就是市场均衡度。

需求方面，因为数十年市场培育与消费者的自我进化，消费市场也呈现明显的"成熟市场"特征。消费需求呈现越来越快的变化与模糊性。所谓模糊，就是任何市场参与者，无论市场地位高低，都越来越难主导消费需求。慢慢成为消费需求的"接受者"与"应对者"。"营销思路"与"消费主张"的关联度、"营销行为"与"消费行为"的关联度都显著减弱，呈现模糊不清的内在联系。这就是"成熟市场"下需求侧变化多端、混沌无序的新特点。这不仅迫使产品迭代速度加快，也在不断瓦解供给侧稳定而结构化的市场力量。"成熟市场"下，甚至供给侧与需求侧的相对位置都出现"重置"。比如，消费者的潜在需求主张可以成为企业创新的思路，供给方的文化输出又影响着消费者的意识形态，最后变成供给双方都在参与"成熟市场"下的产品与服务。

成熟企业已经过了最鲜活、最天然的增长"激情期"。虽然制度在完善、管理在提升，但这些上层建筑并不能自动支撑起企业的经济基础，并不能天然促进企业的有效增长。就像老子《道德经》所言"物壮则老"，成熟企业因为享受了早期快速发展的红利期，进入"低投资回报率"＋"低业绩增长"的双低型成熟阶段，很多问题都在增长滞后的基本盘上逐渐浮出水面，或者说因为增长滞后，企业其他维度上的短板已经掩盖不住了。这时的企业虽然身处成熟期、占有一定市场地位，但它未来会面临没有源头活水、没有增长的危机，所有的成熟只能孕育自然而然的衰弱。

而那些还保有"鲜活度"的小微企业，虽然粗放、没有健全的制度增益，没有享受管理优化带来的收益，但因为更接近细分市场的前沿，能更灵活地自我调整以迎合市场需求，所以拥有丰富的源头活水。市场这条大江大河拍打出来的每一朵变化的浪花，洒落在他们的身上，就有机会演变成"鲜活"的活水。所以说，企业虽然面临着苦涩的危机之浪，但也不乏甜美的机遇之水。这就是我在"企业家私董会"上反复强调的"增长潜力"与"增长逻辑"的道理。

那么在这样一个充满变化与挑战的"成熟市场"中，企业增长的路径与良性增长的模式需要有哪些更新与修正呢？结合良性增长逻辑，我认为有这几点值得重点关注与思考。

1. "全流程盈利"替代"单一产品、单一环节盈利"

"成熟市场"下的供需特点，导致单一产品的盈利空间与超额盈利时间同时降低。过去在经济高速发展，市场发育不完善的时期，追求单一产品盈利、维持单一产品市场领先，是一种理性而高效的盈利方式。其具有工业化时代、重资产时代与线性消费逻辑的商业模式特点。人们会因为一个主力产品而记住一个品牌，因为一个市场角色而记住一家企业。企业盈利模式注重"保大哥""保拳头"与"保商业记忆"，这是明显具有"中心化"的盈利模式。

但"成熟市场"的易变与模糊，使得任何过度的"中心化"盈利模式越发显得僵化，不能适应多变的市场需求。需要将单一产品的盈利分解，分解至全流程，从各自流程中重新汇聚盈利流量，这也是"去中心化"的思路。比如，以前重产品、轻服务，认为服务是产品的销售过程，是附属价值创造的过程，不属于核心价值创造。但未来重服务、轻产品。差异化服务的价值是全流程盈利的头部流量，产品只是收获行业平均盈利的引流。要适应成熟市场重服务、轻产品的特点，就需要企业变革运营思路和内部管理，更注重柔性力量，而非工业化时代"要素投入—物质产出—销售回款"的那种"很僵硬"的力量。这是"成熟市场"对企业管理的一种倒逼。

2. 重"盈利质量"而非"盈利总量"

"盈利质量"是盈利的变现速度与回款速度，"盈利总量"是盈利的出货量与销售量。"成熟市场"下产品同质化严重，形成局部均衡，单纯追求产品的销量与市场份额，除了形成一个规模增强的"假象"外，就剩下大量的企业资源占用。传统意义上关注市场份额与销量的盈利模式，很容易形成未来的断崖式"增长停滞"与"恶性增长"。就像前面所述，作为规模意义上的"企业增长"很可能仅仅只是"中间指标"，不会自动形成最终结果的增长，不会自动形成企业真正的"良性增长"。而代表变现速度的"盈利质量"，就体现出一种"宁愿走慢一点，也要走稳一点"的成熟心态。

3. 重"企业整体盈利"而非"产品盈利"

企业应重视"整体盈利"能力。比如，在业绩考核与战略落地中，总资产收益率的重要性应该高于产品毛利率的重要性。"成熟市场"不是投机市场，产品毛利率代表的产品竞争优势是短期的，而我经常强调"内部管理精益化"，就是为了打造企业整体的运行效率与整体盈利能力，把生意做成企业，把企业做成平台，把平台做成生态。这就需要企

业首先注重整体财务状况、运营能力与现金流量的管理，懂得衡量企业
整体盈利与整体运行效率的管理工具与管理话语，懂得部门预算、全面
预算、内部控制、标准成本、平衡计分卡这些工具，更要懂得这些管理
工具所对应的企业整体管理思路。

4. 通过"内部管理精益化"实现高周转的可持续增长

包括应收账款、存货、预付账款在内的流动资产周转，包括固定资
产、无形资产在内的非流动资产周转，乃至于企业总资产周转，都是维
持企业可持续增长的重点。只要经营活动周转得够快，"成熟市场"中
单一产品盈利能力趋于均衡的痛点，就可以被高周转率覆盖，用可持续
的内部增长来赢得市场竞争。这应该是"成熟市场"下企业经营的共
识。怎样维持高周转率，需要回归"精益化"的内部管理。粗枝大叶
似的管理是不能提供高周转率的，需要精确划分内部管理职能，以数据
分析与动作管理，来研究可能"细化"的空间。

5. 通过"外部经营精细化"精准对接各利益相关方

"成熟市场"下供需侧的变化都很快，不同客户之间的需求共性在
减弱。企业需要精细化切割市场需求，不能以结构化的营销、组织与资

本运作面对市场。企业要善于积极主动地对接各个利益相关方，将信息不对称降到最低，将需求与供给的错配降到最低，努力寻求"一客一案、一方一谋"的细化运营。

这里需要理解企业经营的新成本形态。以前企业的全部成本都分化为"变动成本"与"固定成本"，管理的着力点是尽可能地分摊固定成本，追求单位管理效率的最大化。但在"成熟市场"中，结构化的市场力量越来越少，传统意义上划分为"固定成本"的东西很可能也属于"变动成本"。传统管理上依靠分摊固定管理成本来实现管理效率提升的思路已经走入死胡同。企业家不应视任何资源与要素为固定不变，不应再寻求稳定的、优化的运营模式，而应以全部可变且能快速变化为前提，实施外部经营精细化、内部管理精益化。

小结

无论如何，我们都无法回避而且已置身于"变化"之中了。这种变化不是某个行业、某个赛道的变化，而是整体性、全局性的变化。借用经典市场理论，我将近年来市场整体特点与规律总结为一种竞争机会高度均衡的"成熟市场"。

一方面，在这种"成熟市场"下，作为供给端的产品与服务提供商，具有要素与资源禀赋的高度同质化。通俗来讲，单个企业很难通过单一的新产品获得明显的超额收益，或者说在非成熟市场中存在的超额收益期在当前被大大压缩。另一方面，作为需求端的消费市场更具易变性与模糊性，消费者的需求生成逻辑与变化速度越来越快，并呈现出显著的非线性化趋势（即不同期的消费需求的连续性明显减弱）。这一变化既导致作为供应商的企业面临生产的零散化与小批量定制化，也导致单一期间获利的产品卖点与热点会迅速退潮，产品迭代速度越来越快，产品与服务提供商所需要的生产、运营、营销效率越来越高。

早在 2019 年前，在氛围一片乐观与供需高度扩张的市场环境下，我就在多次私董会与课程中提出"市场在发生整体变化"的论断。当时我还没有完整提出"成熟市场"这一最新的概念。我记得那时企业家的反应是不大的，认为我过度悲观与谨慎，甚至有人质疑："1992 年南方谈话，正式建立市场经济以来，我们在商业上经历了那么多轮起起伏伏，哪一次不是完成了更大规模的资产扩张与企业经营成果的增长？这一次难道就不一样了？"

我的回答是："不一样了！"

"成熟市场"不仅仅是个商业问题，还与我们中国经济发展阶段与社会结构变迁高度相关，是中国社会从高速发展阶段全面转型为高质量发展阶段的底层商业逻辑的体现。这是大势，是覆盖所有行业、企业家的大势，不以人的主观意志而转移。所以，我希望企业家朋友要有直面"百年未有之大变局"的敏锐与直觉，先知先觉，学知而觉，千万不要后知后觉，不然就会被新的商业逻辑"自然选择掉"。我也希望我的每一位客户都不要成为经济结构变迁的被动冲击者，而是要做有思想、有理念、有知识、有策略、有办法的主动求变者与从容应对者。

管理学大师德鲁克先生从人本主义哲学观出发，认为"企业的宗旨只有一个，即创造顾客"。但我想要强调的是，**"创造顾客"是企业实现利润的手段，而不是目的，"良性增长"才是企业立命之本！**

应用思考

1. 你的企业是否处于成熟市场竞争领域？

2. 你的企业近三年是否实现了增长？你的企业增长是否符合"盈利性+可持续性+高投资回报"的良性增长范畴？

3. 你的企业增长路径与增长模式相比传统企业增长的路径与模式，有了哪些更新？

4. 你的企业在增长中是否也陷入过"中间增长""恶性增长"等非良性增长陷阱？你是如何应对并回归良性增长的？

5. 如果你的企业还没有实现良性增长，建议你组织企业核心管理团队，结合本章内容一同解析具体的原因，并提出改进的方向和目标。

CHAPTER **3**

企业良性增长战略选择

本章导读：

前文我们用大量篇幅讲新常态，解析增长层次和内涵，就是要不断强化企业家的认知：企业发展的唯一正确策略就是良性增长！并且必须是有持续性、有盈利性、有高投资回报率的良性增长。这是企业的生存之本！

怎么实现良性增长？第一步，就是要有明确的企业战略。

什么是战略？"战"就是干什么，"略"就是不干什么。

怎么做选择？

战略选择不仅取决于市场需求，更取决于企业是否具备与市场需求动态匹配的组织能力、企业家是否具有发展壮大的志向。对于中小企业而言，组织能力建设、精益化的内部管理和精细化的外部经营，无疑是最重要的抓手。

一、企业为什么要做战略选择

　　企业在每个阶段都有特定的成长逻辑。如图 3-1 所示，小微企业（营业额在 1 亿元以内）在发展过程中如果特别注重抓某一个品类、产品或服务，就能快速增长，这叫机会主义。不过机会主义并非贬义，甚至体量达到万亿级的企业也会采用机会主义，不过各自抓取的重点不同而已。

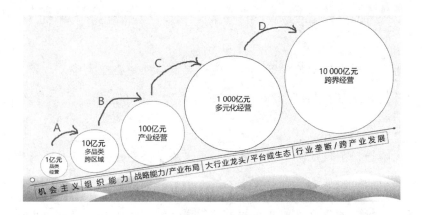

图 3-1　普智咨询企业良性增长全景图

　　企业在发展过程中，不可忽略与业务匹配的组织能力（见表 3-1）。比如，在企业发展初期需要个人英雄，但随着企业不断发展壮大，个人英雄主义已经不能促进甚至还会阻碍公司发展，这个时候企业更需要重塑组织能力，用流程、制度来代替个人英雄主义，企业才能做大。

表 3-1　企业发展不同阶段的战略、业务和组织

		0~1亿	1~10亿	10~100亿	100~1 000亿	1 000~10 000亿	10 000亿以上
战略		小机会主义	聚焦	低成本差异化	低成本差异化	低成本差异化	大机会主义
业务	品类	单品类	几个重点品类	多品类/全品类跨行业	适度多元化进入本行业相关产业	跨行业跨产业	解决社会大问题
	行业	单一行业	单一行业	上下游业务整合	纵向/横向产业整合综合性投资集团	跨行业跨产业	垄断的大规模行业无主业经营
	区域	单个区域	几个重点区域部分全国布局	多区域、全国部分全球化	全球化	全球化	全球化
	扩张手段	现有市场渗透	市场开拓	市场开拓产品开发同心多元化	市场开拓产品开发多元发展投资并购	投资并购内部分化	投资并购国资整合
组织		个人英雄	几个英雄组织建设起步	组织能力完善	事业部制孵化制	平台、生态	国有集团民营财团

　　那么企业发展到什么程度需要重塑组织能力呢？这个标准虽然难以定量，但也有行业经验可循。

　　一是到了中型企业规模。不同行业标准可以参照工信部企业划型标准规定，见表 3-2。

表 3-2　中小企业划型标准规定（修订征求意见稿）

行业	类型	标准
农、林、牧、渔业	中型	营业收入 2 亿元以下
	小型	营业收入 3 000 万元以下
	微型	营业收入 300 万元以下
工业（采矿业，制造业，电力、热力、燃气及水生产和供应业），交通运输、仓储和邮政业	中型	从业人员 1 000 人以下且营业收入 20 亿元以下
	小型	从业人员 300 人以下且营业收入 2 亿元以下
	微型	从业人员 20 人以下且营业收入 2 000 万元以下
建筑业，组织管理服务	中型	营业收入 8 亿元以下且资产总额 10 亿元以下
	小型	营业收入 8 000 万元以下且资产总额 1 亿元以下
	微型	营业收入 800 万元以下且资产总额 1 000 万元以下
批发业	中型	从业人员 200 人以下且营业收入 20 亿元以下
	小型	从业人员 20 人以下且营业收入 2 亿元以下
	微型	从业人员 5 人以下且营业收入 2 000 万元以下
零售业	中型	从业人员 300 人以下且营业收入 5 亿元以下
	小型	从业人员 50 人以下且营业收入 5 000 万元以下
	微型	从业人员 10 人以下且营业收入 500 万元以下
住宿和餐饮业	中型	从业人员 300 人以下且营业收入 4 亿元以下
	小型	从业人员 100 人以下且营业收入 4 000 万元以下
	微型	从业人员 10 人以下且营业收入 200 万元以下
信息传输、软件和信息技术服务业	中型	从业人员 500 人以下且营业收入 10 亿元以下
	小型	从业人员 100 人以下且营业收入 1 亿元以下
	微型	从业人员 10 人以下且营业收入 1 000 万元以下
房地产开发经营	中型	营业收入 10 亿元以下且资产总额 50 亿元以下
	小型	营业收入 1 亿元以下且资产总额 5 亿元以下
	微型	营业收入 1 000 万元以下且资产总额 5 000 万元以下

表3-2(续)

行业	类型	标准
房地产业（不含房地产开发经营），租赁和商务服务业（不含组织管理服务），科学研究和技术服务业，水利、环境和公共设施管理业，居民服务、修理和其他服务业，教育，卫生和社会工作，文化、体育和娱乐业	中型	从业人员 300 人以下且营业收入 5 亿元以下
	小型	从业人员 100 人以下且营业收入 5 000 万元以下
	微型	从业人员 10 人以下且营业收入 500 万元以下

二是企业人数超过 150 人。这是行为科学家统计的组织能力管控边界值。

组织能力一般包括资源、流程和文化。一是资源，包括人才和团队，即人力资源；资本资源，包括融资能力、政商资源；自然资源，包括土地、矿产等；还有科技和数据等资源。二是流程，主要分为管理流程和业务流程。三是文化，包括企业的愿景、使命和价值观。

当企业发展到第三阶段，企业营收规模从 10 亿元到了 100 亿元，就不单是多品类发展，而要进行产业上下游整合。这个时候就需要做战略选择。

什么是战略？"战"就是干什么，"略"就是不干什么。所谓战略选择就是选择干什么、不干什么。

战略选择不仅取决于市场需求，还包括与之协同的组织能力动态匹配、企业家志向。尤其是中小企业，中小企业需要内生性增长，必须抓住组织能力建设、精益化的内部管理和精细化的外部运营。

二、普智咨询良性增长图谱及良性增长公式

　　基于企业良性增长的目标，我带领普智咨询团队通过不断学习、研究、实战、复盘之后提炼了一套方法论，并申请获得了知识产权保护，即图 3-2 所示的"普智咨询良性增长图谱"。该图谱看似简单，却是萃取东西方经典管理哲学、管理方法、管理工具，融合多年咨询经验，并历经多项目实战检验切实可行的系统成果。

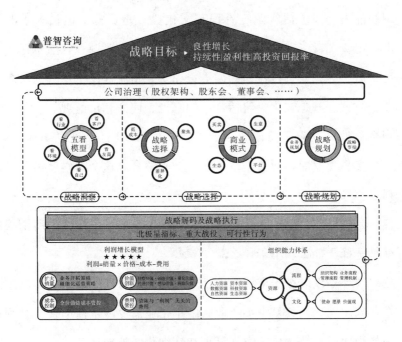

图 3-2　普智咨询良性增长图谱

它主要包括以下几个方面：

一是战略目标。 就是在成熟市场环境中，企业要实现良性增长，即实现持续性、盈利性和高投资回报率的目标。其中持续性是指企业要实现 3~5 年的持续增长；盈利性是指企业要依靠主营业务实现净利润；高投资回报率是指企业的投资回报率要高于本行业平均水平，目标是达到行业平均水平的 2~3 倍。

二是公司治理结构。 即公司股权架构、股东会、董事会等。比如，某企业有 10 个股东，全部参与企业各项事务决策，决策效率很低，这时候需要通过做决策权的设计优化来提高决策效率。

三是制定战略。 制定战略是一个系统工程，包括了战略洞察、战略选择、战略规划和战略执行。

第一步，战略洞察。 就是要洞察未来，知道这个行业未来的商机在哪里、产品的商机在哪里、区域的商机在哪里、怎么样找到商机。我们建议使用"五看模型"，即从宏观、中观、微观三个层面察看，宏观层面看环境，中观层面看行业，微观层面看自己、看客户、看友商。

第二步，战略选择。 就是找到商机之后怎么干，也叫策略选择。借用"竞争战略之父"迈克尔·波特提出的三种竞争战略较为稳妥，即总成本领先战略、差异化战略和专一化战略。接下来是商业模式，就是盈利策略，可以通俗理解为找到商机之后怎么赚钱。可以从买卖、生意、平台、生态这四种商业模式中做出适宜的选择。

第三步，战略规划。包括两个部分：首先是业务规划，分别针对"H1 扩展和保护核心业务""H2 打造成长业务""H3 探索新兴业务"三个方面进行规划（见图 3-3）；然后制定战略节拍，通常针对接下来的 1~3 年进行规划。

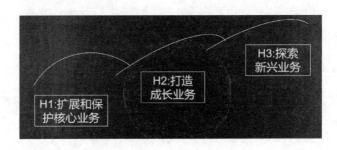

图 3-3　BLM 模型-未来业务组合

第四步，战略执行。首先是做战略解码，可以利用平衡计分卡，从顾客、财务、内部流程、创新与学习等四个方面进行解码，如图 3-4 所示。

解码完成之后，需要从中挑出 1~3 个对本阶段最重要的指标，作为**"北极星指标"，也就是公司接下来一个时间段最为关注的绩效指标**。然后企业管理团队通过共创找出能够达成该北极星指标的关键项目，再拆解成可行性行为，并分配到各个部门的绩效要求中去。接下来就是执行与复盘阶段。通过复盘找到执行与计划中的差异点，及时对执行计划进行修正。

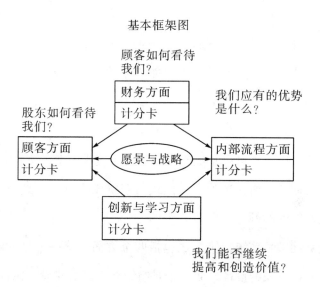

图 3-4　多维度平衡记分卡基本框架

战略执行需要组织能力的动态匹配。比如，企业三年战略规划确定后，应知道需要什么样的人才，可以提前预备招人。很多中小企业总说人不够用、留不住人，以为是薪资的问题，其实有些中小企业的工资待遇与大部分百亿级大企业相比，没有很大差距，而是因为企业发展方向不清晰，有能力的人看不到未来不愿意留下来。

良性增长图谱是一个系统性的结构。正如一个企业就是一个系统，要素之间高度融合、不可分解。该图谱右下方主要是规划当下，就是检验组织能力跟战略能不能匹配；左下方主要是规划未来，就是计划业务创新和产品创新如何支持企业良性增长。为便于读者理解应用，我们用

一个简单的公式来表示，就是

$$良性增长 = （战略×商业模式×组织能力）创新$$

其中，战略、商业模式、组织能力是推动企业线性增长的核心要素，创新则是推动企业业绩翻倍、实现指数级增长的内核。

企业在不同的发展阶段，需要不同的能力。企业一旦进入中型规模之后，必须要创新，可以是战略创新、商业模式创新，或者是组织能力创新、科技创新。而科技和商业模式的创新往往可以起到颠覆性效果，也就是我们常说的颠覆式创新。

企业良性增长系统，简言之包括四个方面：第一个是战略的选择，第二个是商业模式的设计，第三个是组织能力怎么建设，第四个是价值创新。

企业想要实现良性增长，采取"双精"策略，即外部经营精细化和内部管理精益化，无疑是最实用也最好用的工具。

三、外部经营精细化

外部经营精细化，也叫端到端的全流程服务精细化，包括四个部分——用户精细化、需求精细化、路径精细化、运营精细化。

1. 用户精细化

用户精细化的实用工具——产品与市场匹配表，简称 PMF
（product market fit），如表 3-3 所示。横坐标是客户，纵坐标是指产品。
在应用时可以根据实际需要，做更细致的拆分。

表 3-3 产品与市场匹配表

产品	客户细分		

以表 3-4 的手机品牌产品与市场匹配表为例。小米的客户分级，第
一层级，针对蓝领；第二层级，针对男性；第三层级，面向对科技有追
求的年轻人。

表 3-4　手机品牌产品与市场匹配表

产品	客户细分																	
	蓝领						白领/大学生						金领/企业主					
	男			女			男			女			男			女		
	10~25	26~35	36~50	10~25	26~35	36~50	10~25	26~35	36~50	10~25	26~35	36~50	10~25	26~35	36~50	10~25	26~35	36~50
小米	√	√																
VIVO				√	√	√												
OPPO	√	√	√															
华为									√			√			√			√
苹果																		

VIVO, 主打音乐手机, 用户群体主要针对蓝领, 性别主要针对女性。OPPO 主要针对男性的蓝领。华为主要针对白领和金领, 年龄阶段主要是 36~50 岁。苹果则是个很有趣的现象, 蓝领一年省吃俭用买, 白领攒一个月工资买, 金领只要出新款, 都买。越细分, 目标客户就越明确, 产品及营销动作就会越精准。

我们以轻餐饮为例, 包括奶茶店、咖啡店、奶茶加蛋糕店、面包房、简餐厅。从表 3-5 可以看到, 奶茶主要针对大学生和白领, 周末中小学生也比较多; 咖啡店主要针对白领; 奶茶加蛋糕店主要针对大学生和白领; 面包店, 针对白领; 简餐厅, 针对白领。表格中没打勾的视为空白市场。

表 3-5   用户精细化表

产品	客户细分		
	中小学生	大学生	白领
奶茶	周末	√	√
咖啡			√
奶茶+蛋糕		√	√
面包			√
简餐			√

假如你想投资一个面向小学生的简餐厅, 开在学校外面行不行呢? 不行, 因为没有需求。大家要留意, 空白市场可能是机会, 更可能存在

陷阱。所以在细分市场中，当发现了空白市场先不要兴奋，很可能没有需求，是个伪市场，贸然投资可能会出现重大失误。

继续以轻餐饮为例。面向白领的奶茶市场很火，竞争很强烈，能不能从这里面找到细分市场？比如减肥奶茶。这些细分市场通常叫做利基市场，就是在现有比较成熟的市场领域找到某一个尚未满足的需求点和细分领域，也叫缝隙市场。

同时，成熟市场中竞争成本高、产品价格高，但也意味着你可以通过低成本、低价格抢占市场份额。所以某些细分市场没满足或者是市场基本满足但价格太高，这些都是缝隙市场的潜在机会点。

前面介绍的案例涵盖了不同行业，它们都有细分市场，但以前没有被细分，或者企业比较少关注细分过。其实细分市场里蕴含着中国民营企业尤其是中小企业的未来机遇。德国叫"隐形冠军"（赫尔曼·西蒙《隐形冠军：未来全球化的先锋》定义：在行业内享有盛誉，但不为普通的消费者所知；在所处的行业处于世界领先地位；在一个狭窄的市场内精耕细作，直到成就全球行业内的"独尊地位"），我们叫"专精特新"（具备专业化、精细化、特色化、新颖化特征的中小企业）。

在对大量中国隐形冠军的研究中，我发现，大多数隐形冠军始终如一地坚持专注战略，聚焦于某个细分市场。隐形冠军对自己的市场通常都定义得很精确，并且在这些市场中建立了强大的市场地位。虽然在这个小市场中增长受到了限制，但同时有效地制造了准入壁垒。许多隐形冠军是超级利基市场的占有者，甚至拥有 70%～100% 的世界市场份额。同时，这些市场由于全球化仍在快速地增长并且还将继续增长。

比如，总部位于河南新乡市的卫华集团有限公司（以下简称"卫华集团"）始建于 1988 年，经过 30 多年的不懈努力，从 3 亩地（2 000平方米）起家到占地 342 万平方米，从 6 名员工创业到汇聚 6 800 名精英，从资产十几万元发展到资产 75 亿元，从一个手工作坊一跃成为中国机械工业百强企业，总体技术水平处于国内先进水平。其桥门式起重机产销量连续十一年蝉联全国第一、世界第二。

外部经营精细化的第一步是做用户细分，有两个工具：第一个是市场细分，要做市场调研、试错。可以先开一家，看看是不是真实的市场需求。第二个是寻找利基市场。形成利基市场有两个条件，一是市场已经成熟，但是有细分需求尚未得到满足；二是它虽然能满足需求，但是成本太高。通过用户细分可以做到有的放矢。

2. 需求精细化

要做到需求精细化，首先要了解需求。按照需求四象限（见图 3-5）原则，所有产品或服务都是围绕着功能、社会、情感、精神这四个需求而行。

图 3-5　需求四象限

以水杯为例。图 3-6 左侧是星巴克的猫爪杯，右侧是富光杯。

图 3-6　不同品牌饮水玻璃杯对比

从工艺上看，富光杯的生产工艺要比猫爪杯复杂得多，但是猫爪杯的价格更高、销量更好。为什么呢？因为它们的竞争维度不同，富光杯竞争的是功能维度，猫爪杯竞争的是情感维度，特别讨女性喜欢。

再看一包看似普通的零食。同样重量的新会陈皮花生与普通花生相比，溢价高达 300%，知名品牌的新会陈皮花生又比普通的陈皮花生溢价高 455.4%（见图 3-7）。品牌方正是抓住了消费者对于"新会陈皮"这一公共品牌及陈皮养生、药用价值的认同心理，创新产品，实现溢价。

图 3-7　不同品牌花生价格对比

　　同理，男士喜欢的奢侈品皮带、手表、汽车，都属于典型的社会地位象征。而近几年比较盛行的养生、禅修等，则是利用了人们对精神满足的需求，获得了一部分消费群体的追捧。

　　需求精细化的第二个工具，是心理学划分的 16 大基本需求（表 3-6），企业可以根据这些需求逐一探寻可能存在的商机。比如吃零食，在更多的场景下不是满足饿的需求，而是满足对快乐状态的渴求，据此企业可以有针对性地寻找特定的客户。

表 3-6　人的 16 种基本欲望

欲望种类	基本释义
权力	对影响他人的渴望
独立	对自立自主的渴望
好奇	对知识的渴望
接纳	对被包容和归属感的渴望
有序	对组织、建立事物秩序的渴望
收集	对囤积、收藏的渴望
荣誉	对忠于父母和传统的渴望
理想	对寻求社会公正的渴望
社交	对同伴和友谊的渴望
家庭	对教养子女的渴望
地位	对社会等级和身份的渴望
反击	对报复、讨回公道的渴望
浪漫	对性和美的渴望
食欲	对满足口腹之欲的渴望
运动	对锻炼体魄的渴望
安宁	对情绪平静的渴望

需求精细化的第三个工具，叫沉浸式调研，就是深入了解需求。如图 3-8 所示，大体可以分为 5 个步骤，我们以小米为案例来逐一解析。

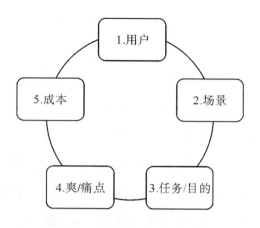

图 3-8 需求的沉浸式调研步骤

小米有一个理念叫做"服务人生第二个 18 年",就是主要面向 18 岁以后的年轻群体。它的第 1 个步骤就是先确定其主力用户是白领,从大学生开始培养。在校大学生的财务独立能力较弱,能够购买低配置的小米产品,等大学毕业之后成了白领,就有能力购买高配置的产品。

第 2 个步骤,是分析白领的通勤场景、生活场景和工作场景。刚入社会的上班族,工作场所一般在写字楼里,上下班通勤以搭乘地铁、公交车为主,而站点距离住处还有较远的距离。怎么办?在没有共享单车的时候,走路太累,打出租车太贵,小米发现了这个需求,开发了滑板车,满足白领从站点回家的需求,产品一上市大受欢迎。

继续看白领的生活场景。他们一般会租公寓,或者买套刚需房,室内装修比较简洁,色调也以米白色为主,所以你会发现小米几乎所有家电都是米白色。那是因为这些设计都考虑了白领用户的工作场景和生活场景。

　　让我们移步至工作场景。白领办公多为开放式或隔间式工位，他们午休怎么办？很多人都有体会，不论是靠着椅子睡还是趴着睡，都会气不顺畅，手麻、脚麻，小米就做了个午睡神器，轻便舒适，还可以折叠收纳。

　　小米经过调查发现，玩游戏的小米粉丝，需要用手机、平板电脑、电脑等6种电器，所以就设计开发了人类历史上第一个能插6个电器的插线板（如图3-9）。所以小米对产品和需求的研究是深度沉浸到用户场景里的。

图3-9　小米突破6位插座

　　以上小米的产品案例还体现了第3个步骤，即针对具体场景下，挖掘用户想要完成的特定任务/目的。

　　第4个步骤，是挖掘爽/痛点。上面滑板车的例子，就是解决用户从站点到家的痛点——坐公共交通嫌慢、打车嫌贵、走路嫌累。如果骑滑板车在方便回家的同时，还彰显了年轻人潮酷的态度，这就是挖到了用户的爽点。

如果企业做的是快消品，大致可以判断，"70 后"以前的用户基本需求是解决痛点，"95 后"以后的用户基本需求是解决爽点。对于"95 后"来说，爽点的基本特征之一就是能不能拍照、发朋友圈。

第 5 个步骤是成本，不是指产品的制造成本，而是用户愿意付多少钱，是用户愿意支付的成本。

沉浸式调研工具，我称之为躬身入局的调研。必须要深入到用户工作和生活的所有场景，了解他们的特定任务/目的、爽/痛点，然后再了解他们的支付意愿。

华为的任正非先生讲过，一个中高层管理干部要屁股对着领导，脸对着用户，没事情干，就跑到用户那里去看。通用汽车的杰克·韦尔奇先生的要求更严：管理干部 70% 的工作时间必须在用户那儿。"躬身入局"也是我和我的团队多年来坚持，未来也必坚守的工作原则。

3. 路径精细化

路径精细化，就是怎么找到用户。可以使用"路径精细化分析表"（见表 3-7），横坐标是用户群体，纵坐标是触达途径，通常叫作渠道。

在用户精细化、需求精细化之后，知道用户是谁，有什么需求，接下来就是怎么找到他们。

表 3-7　路径精细化分析表

触达路径 （网络渠道和 实体店渠道）	用户类型 （年龄/需求等不同维度）		
	大学生	白领	金额
抖音			
微博			
体验店			

比如普智咨询的主要客户群体是中小企业。我坚持在大学的商学院、私董会授课，这就是我的获客渠道。因为商学院、私董会的学员基本都是中小企业主，是企业战略的第一决策人。我的授课内容和效果可以第一时间触达到目标客群，对于后期咨询业务拓展与实施都具有重要意义。

其实，我们很早就尝试了利用抖音这些新媒体平台传播普智咨询的内容和品牌。但因为早期抖音以推大众热点、搞笑休闲类视频为主，专业咨询类的内容难以突围，加上企业家时间宝贵，刷抖音的比较少，触达效果并不好。后来我就以在公众号写文章为主要宣传方式，反而收到许多企业家的反馈，他们觉得内容很好，很受启发，并且有相当一部分咨询项目来自于公众号的读者。当然，市场瞬息万变，今年以来，抖音开始注重精品内容推送，我们也同步加大了抖音视频内容的制作与发布，品牌效应逐渐显现。所以说，客户在哪里，我们的战场就指向哪里。

再举个汽车行业的案例。某汽车品牌主要针对的用户群体是白领、金领、中小企业主，它的渠道主要是4S店。因为新冠肺炎感染疫情，4S店渠道就基本垮掉了，但这并不影响用户在线上了解产品。于是公司尝试线上直播，要求所有人都做直播带货，结果发现工程师群体直播带货销量特别高，其中有一个工程师2020年全年卖了900多辆车，平均一天近三辆。

由此可见，很多时候我们并不确定某个渠道一定适合某些人，我们需要测试各种触达途径来获得数据支撑。这个测试，一方面是不同触达途径之间的比较，比如普智咨询在抖音和微信公众号的传播结果对比；另一方面，对于同一个触达途径，要测试哪个环节会出现问题或存在改善点。

以我们最常见的电商平台为例，在分析用户"登录—搜索商品—放进购物车—下单"数据时，可以得出直接下单率是多少，以及从点击放进购物车到下单的环节中，客户流失比例是多少，甚至配合在下单页面停留时长、大类用户画像去分析客户放弃购买的原因。如是否有因为选错商品放弃购买的客户？是否有因为优惠券不能用而放弃购买的客户？是否有新地址需要重新填写而暂时不购买的客户？是否有因为店铺最近有活动，先将商品加入购物车后在活动期间下单的客户？多做路径和原因分析，对客户购买属性的判断就会越来越精准。

4. 运营精细化

运营精细化，包括内容运营、活动运营、用户运营三个方面（见图3-10）。运营是价值实现的重要环节，内容更丰富，我们将做更加详细的解析。

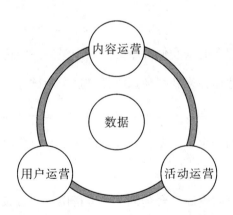

图 3-10　运营精细化三大核心要素

（1）内容运营

内容运营是指围绕内容的生产和消费，搭建起一个良性循环，持续提升各类与运营有关的数据，达成吸引流量、培养潜在用户、引导转化的目的。

关于内容产出方式，通常包括以下 5 类。

①品牌生产内容（BGC）：公司内部团队为受众提供产品、品牌、生活方式等相关信息，目的是让品牌成为消费者心中的权威。

②专业生产内容（PGC）：品牌方邀请在某领域比自己更具有发言权的专家产出内容，给用户提供更权威的内容，以转化或吸引更广泛潜在用户的关注。

③用户生产内容（UGC）：以品牌方的粉丝群为土壤，鼓励、刺激他们产出原生的口碑内容。

④专业用户生产内容（PUGC）：在粉丝中选择金字塔尖那部分有产出能力和意愿的用户来辅助品牌产出内容。

⑤职业生产内容（OGC）：通过外包、代运营、职业写手等方式产出内容。

（2）活动运营

活动运营是指针对不同性质、不同目的的活动进行的运营工作，包含策划、准备、实施和复盘。以飞猪旅行为例，其活动运营包括一周一次酒店类目的小活动；一月一次旅行事业部的整合活动，如酒店、机票、度假、门票等类目一起做活动；三个月一次市场部牵头的大促活动，如暑假、国庆、新年、"双 11"等节假日大促。形式以降价、打折、送权益等为主，也有新奇有趣的传播性品牌活动。活动运营的绝佳典范，不得不说是阿里巴巴推出的"双 11"，已经成为全球性的全民狂欢节。

活动运营的分类，按不同性质，可分为转化导向和传播导向；按不同目的，可包括提升交易额、提升新用户量、提升日活量、提升 UGC 量、提升客单价、提升品牌好感度等。

活动节奏通常分为造势期（非必需）、预热期、正式期、发酵期（非必需）、尾声/返场/复盘 5 个阶段。以电商为例，这 5 个阶段紧密相连，环环相扣。

①造势期：通常在预热期开始前 5~10 天。这期间的工作重点是发布产品预热，透露活动亮点，完整预告要放在下一阶段。"犹抱琵琶半遮面"，就是要吊足用户的胃口。该阶段还可以进行暖场活动，引起用户猜测和关注。号召力不足的公司可以去掉或弱化这个阶段，毕竟网络信息量太大，用户的耐心也是有限的。

②预热期：通常在正式期前 3~5 天，这期间的工作重点是公布活动亮点和利益点。在电商网站就表现为曝光活动商品、玩游戏、抽奖、领优惠券、收藏、加购物车等，其中收藏和加购物车的数据要重点关注，因为这些数据是最有可能转化为正式期销量的。而对于其他类型活动，该阶段就是报名售票等形式，力求全方位曝光。天猫"双 11"预热期达到 10 天。越是重大活动，越会在预热期发力。

③正式期：通常为 1~3 天，这期间的工作重点是提高转化率。对于电商网站来说，把控好选品，使购物流程顺畅，有利于流量最大限度地转化为销售额。对于做品牌传播的线下活动来说，这期间主要让用户

"路转粉",让现场体验的效果超出预期。注意,不是符合预期,而是超出预期,这样才能刺激到场的人在社交媒体上进行传播。线下活动永远不是只为了到场的来宾,而是希望通过活动蔓延到线上,形成二次传播。

④发酵期:电商活动通常没有发酵期,但是做事件营销时就格外看重这个阶段。事件营销与一般活动相比,最大的区别就在于能否四两拨千斤,一点火就着,低成本引起大传播。正式期只是点火,如果火不蔓延,影响力就会大打折扣。所以发酵期会请很多意见领袖、相关媒体把正式期值得传播的内容加以包装,从各个角度造势。网络声音很可能比现场活动还要声势浩大,此时发酵的目的就达到了。

⑤尾声:活动万万不可止于正式期!就算没有发酵期,也应该有尾声。尾声的意义不容忽视,对内是复盘总结,吸取经验教训;对外是宣告活动圆满落幕,包装活动全程中的亮点、爆点,做一次漂亮的公关收尾。

好的活动运营要善于利用杠杆效应,包括噱头、利益点、玩法、商务拓展(BD)合作方、关键人营销等方式。

噱头和利益是天生一对,总是联袂出演、"软硬兼施"。

噱头,是"软"的部分,给活动找个吸引眼球的由头。例如,节日(情人节)、纪念日(周年庆)、里程碑(注册用户达一百万名)、事件热点(世界杯)等。

利益点，是"硬"的部分，表示用户能享受到的好处。例如，折扣、返现、两人同行一人免单、增加用户权益等。在利益点的设置上，很多人存在误区。利益点应该要在不违法的范围内足够吸引人。我们经常面临是选择人人都能享受的小利益点，还是极少数人能享受的大利益点。有人认为前者会让人觉得有实实在在可以拿到的利益而后者概率太低不愿参与，但通过多次试验发现，在大部分情况下后者能吸引更多的人。

"软硬兼施"这也是做广告横幅（banner）的黄金法则，我们看到的网页 banner 基本都是两者结合，噱头+利益点+爆款图是 banner 点击率的保障。

玩法是噱头和利益点之间的纽带，也是活动的放大器。好的玩法应该是新颖、好玩、操作简单。玩法其实显示出了"影响力六要素"之一的"稀缺"和对人的影响力。活动玩法就是不让用户白白得到利益点，而是通过一件好玩有趣的事之后才能得到利益点。比如，逛品牌街、红包雨、裂变红包、集五福、征集故事、晒照片、××人扫码、集赞、知识竞答等都是典型的百变玩法。

中小企业，特别是初创公司，做活动运营时会感到缺少资源，比如，吸引人的奖品、好的创意、完美的场地、让活动更丰富的内容，最常见的则是缺乏触达目标群体的能力。这个时候，用好 BD 也是活动运营的重要技能之一。用自己最强的去换取别人最强的，强强联合。

BD 的核心技巧是就是"资源置换，双赢共赢"。谈合作之前提前了解对方的 KPI 是什么，提案是否对双方 KPI 都有帮助；提前预设对方会问到的问题，在团队内部进行角色预演，模拟对谈场景；列出自己的资源清单，未必很多但诚意满满。

活动运营的执行阶段需要"关键人营销"，以此放大活动效果。关键人既包括那些处于上升期的、有潜力的、正在形成的 KOL（意见领袖），还包括忠实用户、明星员工。对于没钱又没资源的公司来讲，做活动时如何不花钱就找到并打动关键人显得尤为重要。关键人的作用主要有三点：一是邀请关键人试用产品或探店，产出体验报告；二是邀请关键人参与品牌的线下活动，和媒体、普通用户互动，分享经验；三是邀请关键人和品牌一起发放福利，扩大影响面，比如用户在购买时输入关键人的专属优惠码可以享受折扣等福利。

活动运营的进阶，包含活动的系列化、产品化、品牌化。

①活动系列化，是指策划活动时，就要考虑活动有没有可能做成一个系列？有没有可能延续下去？相比一个个零散的活动，系列化的活动可以得到更多的资源支持，声势也会更大，更容易被用户记住。"全球至尚国家周""万能的淘宝""神奇的聚划算"等都是在活动系列化方面比较成功的例子。

②活动产品化，聚划算是一个活动，还是一个产品？对商家来说，聚划算是一个流量很大的活动；对阿里巴巴来说，聚划算则是一个成熟的产品。活动系列化通常是活动产品化的前身，先通过活动这种开发成

本比较小的尝试来试验，效果好就有可能做成产品。"天猫国际馆""中国质造"也都是活动产品化的例子。

③活动品牌化，每个公司都希望能造出属于自己的节日。"双 11"已经被天猫捷足先登，淘宝抢占了"双 12"，京东抢占了"618"年中大促，苏宁抢占了"818"购物节。如何打造一个属于自己的王牌活动，是每个初具规模的公司应该设想的。

（3）用户运营

用户运营是指将用户分层，对特定用户进行运营，提高他们的规模或者价值贡献。

用户运营最大的武器就是用户，它和内容运营、活动运营紧密相关，甚至有时会服务于同一个目标。但是对于用户运营，完成目标的手段是用户而不是其他资源。例如，一家电商公司要完成某个销售指标，用户运营可以定向给潜在的新用户发新用户专享优惠券，可以给老客户一个特权——邀请新用户消费，即可获得×元优惠券。

内容运营和活动运营像是收割机，而用户运营像是拾麦穗。前期看起来比较慢而且很费力，但是能即时反馈、得出效果。公司业务成熟后，有了用户数据库、用户标签，就可以分别针对不同用户群启动对应的运营措施。比如满足 X 条件的用户启用规则 1，满足 Y 条件的用户启用规则 2。这个规则可能是优惠规则，可能是权益规则，也可能是商品/内容展现规则。通过监测规则实行一段时间后的关键指标是否有变化，变化多少，和没有使用规则、自然增长的用户群相比效果如何。用户运营与精准营销密切相关，未来会爆发出强大能量，值得投入。

用户运营工作分为三个关键步骤，如图 3-11 所示，包括分层策略、触达干预和数据预测。我们以携程的用户运营为例进行解析。

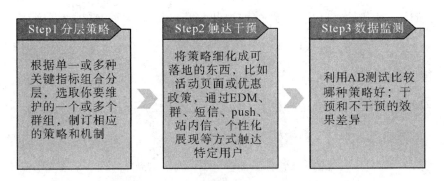

图 3-11　用户运营工作三个关键步骤

第 1 步，分层策略。随机提取两份一定量的老客户样本，一份叫测试组（A 组），一份叫参照组（B 组）。再把测试组的人根据机票、酒店、度假消费的频次和金额，分成几个小组，比如机票偏好型、酒店偏好型、度假偏好型，并给对应的群组设置一定向刺激，最后看一段时间内测试组的人是不是比参照组的人在携程上消费更多。

第 2 步，触达干预。当时触达用户的渠道主要是遍布全国交通枢纽的地面销售人员、强大的呼叫中心（call center）和电子邮件营销（EDM）。公司为这些渠道准备了精准的话术、文案或页面。例如，在线下，销售人员会以回访老用户的名义做二次销售，销售人员在移动终端上输入客人手机号，就能看到客人的类型，并且会提醒销售人员，客人可能会买哪里到哪里的机票，可能选择定价为××元左右的酒店。销售人员一介绍，客人常常感到很惊讶：你怎么那么懂我，知道我要什么。这样，客户的好感度和转化率都会提高。如果客人打电话到呼叫中心的话，也同样可以感受到被重视和关怀。同理，EDM 也能做到"千人千面"。例如，客人刚刚定了一张北京飞往杭州的机票，我们通过历史数据判断用户家在北京，那么去杭州很可能是要出差，需要住酒店，这时就会给该用户推送一封电子邮件，最显眼的部分是该用户在杭州常住的酒店或者和以往消费档次差不多的酒店推荐，然后推荐杭州回北京的特价机票，接着会有杭州的一些吃喝玩乐小贴士。这样的 EDM 点击率一定会比以往"千人一面"的促销集锦 EDM 效果好很多。

第 3 步：数据监测。第 1、2 步完成一段时间之后（通常要 1~2 个月），我们用测试组和参照组数据来对比。企业老板会更关注两组客户分别给公司带来的价值贡献，工作人员则关注更新的，包括点击率、转化率、客单价、间夜数、平均间夜价格等，以便发现隐藏的问题。如果测试组的效果大于参照组，就会把这套机制覆盖到更多客户。这就是一个简单的 AB 测试过程。如果一开始有两套策略拿不定主意的话，可以设置 A1、A2 两个测试组，与 B 组比对，选出更具有竞争力的策略。

用户运营按面向对象的不同，可以分为种子用户运营和社群运营。

①种子用户运营。种子用户的获取包含熟人传播、竞品模仿、社交

媒体私信邀请、干货资源诱导、知识问答营销、精准线下推广、老客户推荐七种方式。

一是熟人传播。主要是用好朋友圈、通讯录、微信群等渠道，让熟人先来试用并转发分享。如果身边了解自己的人都不愿意用，就更难打动陌生人了。

二是竞品模仿。找到竞品的客户群体，向他们做推广活动会更加精准，重点需要突出自己与竞品之间的差异化优势。

三是社交媒体私信邀请。社交媒体具备的一些特征，比如兴趣标签、达人关联推荐、粉丝数和阅读数公开、可私信等特点，特别适合邀请种子用户。比如微博、知乎，二者用户量大，活跃度高，百试不爽。

四是干货资源诱导。干货可以是目标用户喜欢的电子书、视频、文档等，也可以是在线微课。微课是近几年很流行的增粉方式。如果创始团队有 KOL，可以自己授课；如果没有的话，可以通过付费或资源置换的方式请行业大咖授课。

五是知识问答营销。早年大量"水军"在百度、天涯及城市论坛上做的问答植入也可算入此类，现在用户对此类广告已经形成了免疫力，但是教育培训类、整形类、孕产类、婚礼婚纱类广告还是很多。现在更流行、更得体的方式是在知乎、今日头条的悟空问答做广告，旅游商家还可以在马蜂窝的社区问答中植入广告。

六是精准线下推广。特别加了"精准"两个字，就是为了剔除这种线下推广的方式：在红绿灯口或旅游景点门口等人流密集处，许多不相关的人只是为了领礼品而下载 App，从来不使用或者转头秒删，这样的方式有量无质，还会造成资源浪费。

七是老客户推荐。其本质是老用户成功邀请新用户使用产品，双方都可以获得利益，通常可以获得代金券或返现。

②社群运营。"社群"是 2015 年下半年开始热起来的。比较成熟的社群主要有两类：一类是以社交为目的，比如某读书群、某兴趣爱好群、某创业者和投资人对接群、某市场人聚集群、某运营人聚集群；另一类是为公司既有业务服务的社群，这类社群目的性很强，以社群之名做拉新和转化，比如某母婴产品的宝妈群、某旅游公司的结伴同游群、某教育公司的学习交流群等。

用户运营中的社群运营，属于第二类，是一种对大部分公司有效、低成本的用户运营手段之一。社群运营通过拉新、留存、转化等几个环节逐步像漏斗一样筛出真正付费的用户，特别是对于客单价高的行业尤其适用。

第一个环节，拉新。目的是拉来新的群成员，从中转化为 App 下载数、注册用户数或者公众号的粉丝数。例如利用某次微课、某次活动吸引来的用户就可以放在某个群里，活动结束后趁热打铁引导大家去关注微信公众号或下载 App。这类群的生命力很短，群成员类型复杂，忠诚度不高，可能三天后就一片死寂或沦为广告群了。不要强求延长它的生命期，能转化的转化，不能转化的就放弃掉，赶快去策划下一个拉新活动，建新的群，快聚快散。

第二个环节，留存。这是最能代表公司典型用户画像的群，这里沉淀着品牌的忠诚粉丝。建群的目的是让大家有归属感，通过品牌方持续输出价值和社群成员间的互相影响，把用户留下来，延长群的生命周期。这个群的成员来源包括拉新群里的活跃份子、老客户里的忠诚粉丝、公众号的忠实读者等。

第三个环节，转化。经常发广告的群会让人反感，但不做转化的群也会让品牌方缺乏维护的动力。适当的刺激转化是有必要的，但要做得巧妙。比如可以为某个单品新建一个转化群，从留存群里用一些有趣的内容素材、优惠刺激做引子把感兴趣的人引出来，不打扰留存群里原本的氛围。这样做的目的是让每个群里的人相对成为同类人，运营人员才知道需要对什么样的人说什么样的话。避免劣币驱逐良币，让用户觉得无价值、浪费时间。

社群运营的关键要素包括同类人、有价值、核心人、规则四个方面。即有相同兴趣或目的的人聚集在一起；社群能给予成员价值，比如活动、内容或者是人脉；群里有能凝聚人心的核心人，通常是发起人或发起人邀请的具有观点输出能力的人，能与普通成员互动；最后是要有一些基本的群规，比如，群内只能聊与本群主题相关的话题，禁止发与本群主题无关的广告等。

四、内部管理精益化

内部管理精益化，包括品质精益化、成本精益化、费用精益化、效率精益化四个部分。

1. 品质精益化

实施品质精益化之前，要理解"质量"概念的两个维度：一个是一致性质量，就是批量制造的产品保持尺寸、重量、颜色等规格的一致性，满足产品的设计要求，提升合格的产出率，降低废品率；另一个是精益求精的高质量，特别是产品的基础功能要做到极致化，比如德国的福莱希 flexi 狗绳，其研发出的外星人系列拥有四大专利和五个可扩展配件，与奔驰、宝马同获德国 iF、红点设计奖殊荣。

要做到精益求精的高质量需要具体情况具体分析，此处我们重点解决如何做好一致性质量。关于如何做好一致性质量，我们推荐企业推行应用品质管控圈、零缺陷管理、ISO9000 质量管理体系、六西格玛这四个经典工具，其有助于提升企业组织在品质方面的管理水平，达成精益化目标。

（1）QCC 品质管控圈

品质管控圈的英文是 quality control circle（QCC）简称"品管圈"。品管圈就是由相同、相近或互补之工作场所的人们自动自发组成数人一圈的小圈团体（又称 QC 小组，一般 6 人左右），全体合作、集思广益，按照一定的程序，活用品管七大手法（QC7 手法），来解决工作现场、管理、文化等方面所发生的问题及课题。它强调参加人员领导、技术人员、员工三结合。

品管圈起始于 1950 年戴明（Deming）教授的统计方法课程，以及 1954 年朱兰（Juran）教授的质量管理课程。品管圈活动则由日本石川专馨博士于 1962 年所创，国内多称之为质量管理小组。

2008 年，浙江大学医学院附属第一医院率先在全国医疗系统引入品管圈活动，此后，医疗系统成为国内应用品管圈工具的主要领域。

目前行业内普遍把品管圈的应用步骤分为 10 步，结合多年实践，我们将其细化为"4 个阶段 13 步"，即计划阶段（组圈，选定主题、制定计划，目标设定，现状调查、收集数据，数据收集整理）、实施阶段（对策制定及审批、对策实施及检讨）、确认阶段（效果确认、标准化、成果资料整理）和处置阶段（活动总结及改进计划、成果发表）。这样的步骤分解，更强调数据、成果的过程整理和发布运用，如图 3-12 所示。

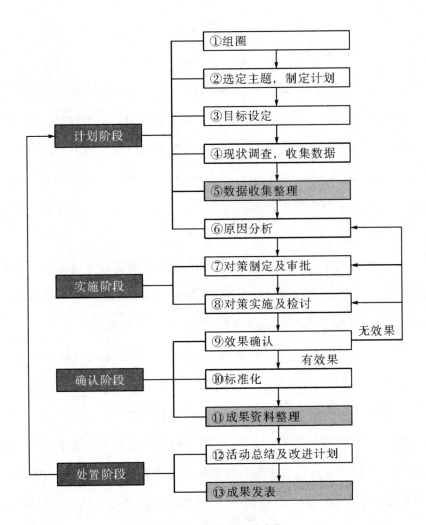

图 3-12　品管圈活动步骤

（2）零缺陷管理

被誉为"全球质量管理大师""零缺陷之父"的菲利浦·克劳士比
（Philip B. Crosby）在 20 世纪 60 年代初提出"零缺陷"思想，并在美
国推行零缺陷运动。后来，零缺陷的思想传至日本，在日本制造业中得
到全面推广，使日本制造业的产品质量得到迅速提高，并且领先于世界
水平，后零缺陷思想进一步扩大到工商业所有领域。

美国通用动力公司使用该工具后收效明显，实施该管理工具后获得
的经济效益是每花费 1 美元，可降低成本 170 美元。国内同样也有许多
中小企业运用"零缺陷管理"工具取得巨大收效。比如，深圳精溢精
密光电公司深刻理解到，零缺陷管理不仅是一门工具，更是抓住了企业
管理最核心的东西——人和人的心智哲学，把市场经济准则引入质量管
理，从改变心智入手去实现工作质量的不断提升。他们结合企业自身实
际，通过近两年的重陶，不但使多数员工自觉用零缺陷理论指导为人处
世，而且公司销售业绩翻了一番，良品率达到了国际同行业先进水平，
税后纯利润年增长 8%，成为如飞利浦、SONY、三星、日本光王等公司
的供应商。

零缺陷理念中，缺陷可以分为两类：偶然性质量缺陷和经常性质量
缺陷。偶然性质量缺陷，是指由于系统因素造成的质量突然恶化，属于
失控的突然变异。它的特点是：原因明显、对产品质量的影响很大，需

有关部门立即采取措施消灭该缺陷，使生产恢复原来状态。经常性质量缺陷，是指由于现有的技术和管理水平原因而长期不能解决的缺陷。它需要采取一些重大措施改变现状，使质量提高到新水平。这种缺陷可能一时影响不大，但长期下去会严重影响产品的市场竞争力。

偶然性质量问题都是引人注目的，并且会立即受到领导的重视。经常性质量问题则不易引起领导的重视，因为它已经长期存在，常常难以解决，久而久之被认为是不可避免的，成了默认的"正常"状态。而且多数的做法是，解决偶然性的问题比解决经常性的问题受到优先考虑。

零缺陷特别强调预防系统控制和过程控制，要求第一次就把事情做正确，使产品符合对顾客的承诺要求。开展零缺陷运动可以提高全员对产品质量和业务质量的责任感，从而保证产品质量和工作质量。

零缺陷在生产制造领域的应用，概括为"三不原则"，即"不接受缺陷、不制造缺陷、不传递缺陷"。作为控制品质隐患的基础动作，及时发现、及时处理、及时拦截品质异常。在具体操作过程中，生产者务必参照材质缺陷看板，在加工前对上一工序来料存在明显材质缺陷（属报废材料）的部件进行分选，不得进行加工，不得混入批量中进行交接，并主动知会品管员、班组长进行确认，确认属实的则进行隔离，放置不良品区域。加工过程中产生的加工不良或能修复的材质缺陷，生产者务必主动捡出，能够在本工序内返工的则主动进行返工，需跨工序返工的则移入不良品区域（不能返工则按报废程序处理）。

实施零缺陷管理可采用图 3-13 所示步骤进行。

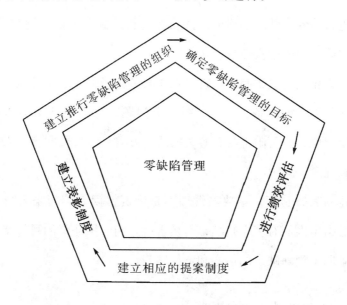

图 3-13   零缺陷管理实施流程图

①建立推行零缺陷管理的组织。事情的推行都需要组织的保证，通过建立组织，可以动员和组织全体职工积极地投入零缺点管理，提高他们参与管理的自觉性；也可以对每一个人的合理化建议进行统计分析，不断进行经验交流等。公司的最高管理者要亲自参加，表明决心，做出表率；要任命相应的领导人，建立相应的制度；要教育和训练员工。

②确定零缺陷管理的目标。确定零缺陷小组（或个人）在一定时期内所要达到的具体要求，包括确定目标项目、评价标准和目标值。在

实施过程中，采用各种形式，将小组完成目标的进展情况及时公布，注意心理影响。

③进行绩效评估。小组确定的目标是否达到，要由小组自己评议，为此应明确小组的职责与权限。

④建立相应的提案制度。直接工作人员对于不属于自己主观因素造成的错误原因，如设备、工具、图纸等问题，可向组长指出错误的原因，提出建议，也可附上与此有关的改进方案。组长要同提案人一起进行研究和处理。

⑤建立表彰制度。零缺陷管理不是斥责错误者，而是表彰无缺点者；不是指出人们有多少缺陷，而是告诉人们向零缺陷的目标奋进。这就增强了职工消除缺点的信心和责任感。

（3）ISO9000质量管理体系

ISO9000质量管理体系是国际标准化组织（ISO）制定的国际标准之一，该标准可帮助组织实施并有效运行质量管理体系，是质量管理体系通用的要求和指南。贯彻ISO9001标准将带来诸多的效益。

①通过建立实施质量管理体系，以及第三方认证，促进组织的管理由人治变法治。

②规范组织多年来与质量管理有关的制度和现代管理体系，促使组织形成高效的管理模式，并经整合，与标准要求融为一体。

③采用"过程方法",对质量管理体系中多个过程及其联系、过程组合相互作用进行连续的监视、控制,达到质量管理体系的有效性。

④质量管理体系的最基本要求,是确保影响产品质量的过程活动处于受控状态。将"最终检验把关"的管理理念转变为"预防为主"的管理理念,籍以提高一次合格率,降低成本。

⑤ISO9001 按四大过程(管理职责、资源管理、产品实现、监测和改进)展开,应用 PDCA 方法,使质量管理体系持续改进,促使组织管理水平持续提高。

⑥有利于全员参与质量管理,营造浓厚的企业文化氛围,实现创一流企业的目标。

⑦有利于职责和权限分配、落实,避免相互推诿。

⑧为有效提高企业运作能力、增强市场竞争能力提供有效方法。

⑨以七项质量管理原则为基础的 ISO9001 标准,帮助管理者系统建立质量管理理论,理解标准内涵,提高管理水平。

全国认证认可信息服务平台数据显示,截至 2023 年 3 月,全国获得管理类认证的企业有 185.6 万家,其中获证通过质量管理体系的有83.6 万家,占比 45%(见图 3-14)。

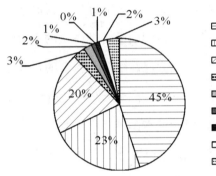

图 3-14　2023 年 3 月全国获得管理类认证企业统计

（资料来源：全国认证认可信息服务平台）

以上数据显示，相比其他管理体系认证，企业对质量管理体系更为关注。另外，据认证机构反馈及调研发现，不少中小企业对质量管理体系认证仍停留在认"证"的层次，出现"两张皮"现象。企业耗费人力物力通过管理体系认证，只是为了向客户们证明本公司有证书，却没有很好地把 ISO9001 作为质量管理水平提升的有效工具去应用。结合 ISO9000 的 7 大质量管理原则，我建议中小企业能从如下几点进行反思，扎扎实实用好 ISO9000 质量工具，提升本企业的质量水平。

①领导作用。很多人可能对 20 世纪 80 年代的海尔张瑞敏"砸冰箱"事件记忆尤新，如果不是企业一把手亲自主导，既没人会去"砸冰箱"，也没人敢去"砸冰箱"，也就无法唤醒整个企业广大员工对质量的重视。

②全员积极参与。企业需要明白质量是全公司所有员工的事情，而不仅仅是质量管控部门的事情。一定要提升企业全体员工的质量意识，才能从事前、事中、事后等多道防线去做好质量管控。

③持续改进。PDCA（计划—执行—检查—处理，见图 3-15）就是一个推动企业持续改进的过程方法。在企业咨询案例中，我们经常会发现企业将 PDCA 做成 PDPD（计划—执行—计划—执行），对于实施的有效性和后续改进就没有跟进了。到最后文件制度规范是一张皮，实际操作是另一张皮，质量管理体系就只剩下一张证书了。

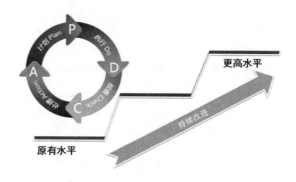

图 3-15　PDCA 工作闭环及持续改进示意图

PDCA 管理思维对企业的重要性，再怎么强调也不为过。ISO9001 知识体系就是按照 PDCA 循环进行组织的，所以企业施行质量管理体系的过程，就是学习与实践 PDCA 的过程，如图 3-16 所示。

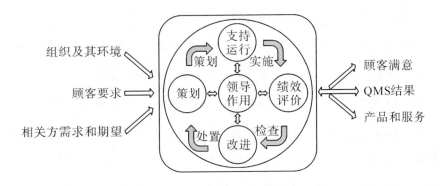

图 3-16　PDCA 循环工作法及要素示意图

（4）六西格玛管理

六西格玛（6σ）的概念于 1986 年由摩托罗拉公司的比尔·史密斯提出。6σ 管理是一种统计评估法，核心是追求零缺陷生产，防范产品责任风险，降低成本，提高生产率和市场占有率，提高顾客满意度和忠诚度。6σ 管理既着眼于产品、服务质量，又关注过程的改进。

"σ"是希腊文的一个字母，在统计学上用来表示标准偏差值，用以描述总体中的个体离均值的偏离程度，测量出的 σ 表征着诸如单位缺陷、百万缺陷或错误的概率牲，σ 值越大，缺陷或错误就越少。6σ 是一个目标，这个质量水平意味的是所有的过程和结果中，99.999 66% 是无缺陷的，也就是说，做 100 万件事情，其中只有 3.4 件是有缺陷的，这几乎趋近于人类能够达到的最为完美的境界。6σ 管理关注过程，特别是企业为市场和顾客提供价值的核心过程。因为过程能力用 σ 来度量后，σ 越大，过程的波动越小，过程以最低的成本损失、最短的时间周期去满足顾客要求的能力就越强。

6σ 理论认为，大多数企业在 3σ~4σ 间运转，也就是说每百万次操作失误在 6 210~66 800 之间，这些缺陷要求经营者以销售额 15%~30% 的资金进行事后弥补或修正，而如果做到 6σ，事后弥补的资金将降低到销售额的约 5%。

为了达到 6σ，首先要制定标准，在管理中随时跟踪考核操作与标准的偏差，不断改进，最终达到 6σ，如图 3-17 所示。

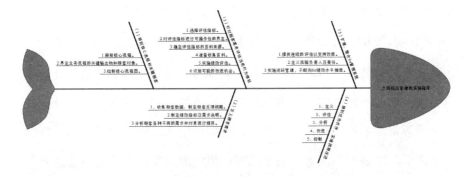

图 3-17　六西格玛管理的实施程序鱼骨图

一是辨别核心流程和关键顾客。

随着企业规模的扩大，顾客细分日益加剧，产品和服务呈现出多标准化，人们对实际工作流程的了解越来越模糊。获得对现有流程的清晰认识，是实施 6σ 管理的第一步。

第一，辨别核心流程。不同的企业，核心流程各不相同。

第二，界定业务流程的关键输出物和关键顾客。在这一过程中，应尽可能避免将太多的项目和工作成果堆到"输出物"栏目下，以免掩盖主要内容，抓不住工作重点。关键顾客并不一定是企业外部顾客，对于某一流程来说，其关键顾客可能是下一个流程，如产品开发流程的关键顾客是生产流程。

第三，绘制核心流程图。在辨明核心流程的主要活动的基础上，将核心流程的主要活动绘制成流程图，使整个流程一目了然。

二是定义顾客需求。

第一，收集顾客数据，建立顾客反馈系统。将顾客反馈系统视为一个持续进行的活动，将其看作是长期应优先处理的事情或中心工作。听取不同顾客的不同反映，不以偏概全。除市场调查、访谈、正式化的投诉系统等常规的顾客反馈方法之外，积极采用新的顾客反馈方法。掌握顾客需求的发展变化趋势。对于已经收集到的顾客需求信息，要进行深入的总结和分析，并传达给相应的高层管理者。

第二，制定绩效指标及需求说明。顾客的需求包括产品需求、服务需求或是两者的综合。对不同的需求，应分别制订绩效指标，如在包装食品订货流程中，服务需求主要包括界面友好的订货程序、装运完成后的预通知服务、顾客收货后满意程度监测等，产品需求主要包括按照时间要求发货、采用规定的运输工具运输、确保产品完整等。一份需求说明，是对某一流程中产品和服务绩效标准简洁而全面的描述。

第三，分析顾客各种不同的需求并对其进行排序。确认哪些是顾客的基本需求，这些需求必须予以满足，否则顾客绝对不会产生满意感；哪些是顾客的可变需求，在这类需求上做得越好，顾客的评价等级就越高；哪些是顾客的潜在需求，如果产品或服务的某些特征超出了顾客的期望值，则顾客会产生喜出望外的感觉。

三是针对顾客需求评估当前行为绩效。

如果公司拥有雄厚的资源，可以对所有的核心流程进行绩效评估。如果公司的资源相对有限，则应该从某一个或几个核心流程入手开展绩效评估活动。

四是辨别优先次序，实施流程改进。

对需要改进的流程进行区分，找到高潜力的改进机会，优先对其实施改进。如果不确定优先次序，而是多方面出手，企业就可能分散精力，影响 6σ 管理的实施效果。

五是扩展、整合 6σ 管理系统。

当某一 6σ 管理改进方案实现了减少缺陷的目标之后，如何巩固并扩大这一胜利成果就变得至关重要了。

第一，提供连续的评估以支持改进。

第二，定义流程负责人及其相应的管理责任。

第三，实施闭环管理，不断向 6σ 绩效水平推进。

2. 成本精益化

关于成本精益化，我推荐成本性态分析、量价差分析模型、质量成本管理、成本动因分析法四种思维模式，其将引领企业实现成本精益化。

（1）成本性态分析

成本性态分析是指在明确各种成本的性态基础上，按照一定程序和方法，最终将全部成本区分为固定成本和变动成本两大类，并建立相应成本函数模型 y＝a+bx 的过程。不同性态的成本，其精细化管控的方式是不同的，我们需要差异化地采用不同方式去管控改进。

固定成本是指总额在一定时期一定产量范围内，不直接受业务量变动的影响而保持固定不变的成本。固定成本总额不因业务量变动而变动，但单位固定成本（单位业务量负担的固定成本）会与业务量的增减呈反向变动关系，如图 3-18 所示。

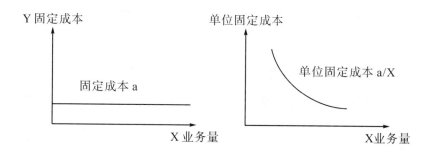

图 3-18   固定成本函数模型

变动成本是指支付给各种变动生产要素的费用，如购买原材料及电力消耗费用和工人工资等。这种成本随产量的变化而变化，但单位变动成本往往是不变的，常常在实际生产过程开始后才需支付，如图 3-19 所示。

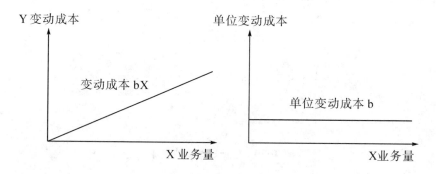

图 3-19   变动成本函数模型

基于成本不同性态的特征，对应的精益化管控方法如下：

第一，单位产品的固定成本往往同时受产量和费用发生额的影响，所以控制和降低固定成本应从控制并降低其支出绝对额和提高业务量入手。

第二，变动成本一般受单位产品在作业过程中资源消耗水平的影响，因而控制和降低变动成本主要应从控制和降低单位产品消耗量入手。

（2）量价差分析模型

成本按经济用途分为生产成本和非生产成本。生产成本亦称制造成本，是指企业为生产产品而发生的成本。制造成本是指产品在制造过程中所发生的各项成本，就是我们一般所说的料工费，一般包含直接材料、直接人工、制造费用（见图3-20）。

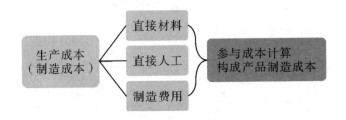

图3-20　生产成本构成要素

本书将以直接材料为例，介绍量价差分析的操作方法。

直接材料（以下简称物料）量价差分析，通常由数量、价格、差额三个要素构成。

数量，通常来源于技术、生产或工程规范，并标注在物料清单中。标准数量通常包括正常损耗状态下所允许的余量，如废弃、破损、蒸发以及其他类似情况。通常在实行了企业资源管理 ERP 或生产资源物料计划 MRP 系统的组织中，物料清单 BOM 是在各个相关职能当中引用的标准化数据信息，例如，生产系统会根据物料清单结合标准使用量给出物料需求计划，采购承接该计划后编制采购成本预算。

价格，常用的是采购预测的期望价格，在预算时间范围内，采购根据市场的情况设定从供应商获得需采购物料的单位价格。在多家供应商采用不同价格供应的情况下，可以根据预算时间范围内预计支付价格的加权平均值来计算基础价格。

差额，标准与实际之差定义为差额。通常在采购预算与实际绩效管理过程中，对于总成本的控制与测量，会受到物料的价格差与用量差的影响（见图 3-21）。

其中，直接物料价格差异导致的成本差额（简称"价差"），反映了采购职能对于供应市场价格的博弈与掌控的优劣势。计算公式：价格差异 =（实际价格－基准价格）×实际用量。

直接物料用量差异导致的成本差额（简称"量差"），反映了需求的波动与差异，需求的波动可能来自生产计划与产能的协调问题，也可能来自下游各环节的需求波动。计算公式：用量差异 =（实际用量－基准用量）×基准价格。

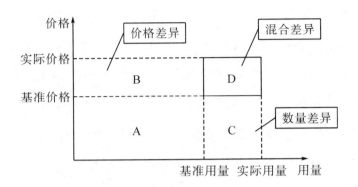

图 3-21　直接材料量价差分析图

直接物料总差额为以上两项计算结果的价格差额与用量差额之和。

在计算结果得出后，需要找到导致总差额的"损或益"的成因。企业应基于"谁可控谁负责"的原则，建立管控机制。如表 3-8 所示，列出了对料工费的管控责任部门与各类差异的常见对应关系，企业可以根据自身实际权责利进行分配。

表 3-8　量价差异与管控部门对应表

差异类型	价格差异			用量差异		
	直接材料价格差异	直接人工工资率差异	变动制造费用耗费差异	直接材料用量差异	直接人工效率差异	变动制造费用效率差异
主要责任部门	采购部门	生产部门?人力资源?	采购部门?生产部门?	物料控制?生产部门?	工业工程	生产部门?工业工程?

（3）质量成本管理

20 世纪 50 年代初，美国通用电气公司质量管理专家菲根鲍姆首先明确提出质量成本的概念。20 世纪 80 年代，菲根鲍姆进一步发展了质量成本的内涵。美国质量管理专家朱兰博士提出"矿中黄金"理论，使质量成本理论更趋完善。此时，质量管理进入了一个全新的阶段，即由统计质量管理进入全面质量管理阶段，进而把产品质量同企业的经济效益联系起来。

质量成本是指企业为保证和提高产品质量而支付的一切费用以及因质量故障所造成的损失费用之和。它又分为四类，即预防成本、鉴定成本、企业内部损失成本和外部损失成本，其中预防成本、鉴定成本合并称为质量管理成本。

①预防成本：是指用于预防产生不合格品与故障等所需的各种费用。

②鉴定成本：是指评定产品是否满足规定的质量水平所需要的费用。

③企业内部损失成本：又称内部故障成本，是指产品出厂前因不满足规定的质量要求而支付的费用。

④外部损失成本：是指成品出厂后因不满足规定的质量要求，导致索赔、修理、更换或信誉损失等而支付的费用。

　　对质量成本水平分析要深入到质量成本构成的各要素中去，即根据质量成本总额中各因素所占比重来分析质量成本构成及其变化，可采用成本与质量水平关系图来进行分析，如图 3-22 所示。

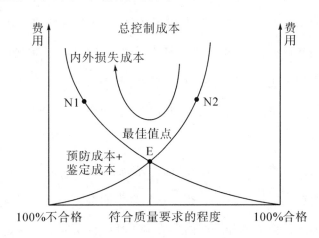

图 3-22　成本与质量水平关系图

　　图 3-23 中，当产品质量为 100% 不合格时，其预防费用为零。随着质量升高，预防、鉴定费用逐渐增高；当质量为 100% 合格时，预防成本很高。内外损失成本的变动规律是当产品质量较低时，事故损失大；当质量提高到 100% 合格时，事故损失为零。当质量水平较低或较高时，总成本都比较高，在最佳值点（E 点）附近区域总成本最低，它就是最佳质量水平。

　　根据国内外的成功经验，质量成本比例最佳值的比例是，质量管理成本占 50%，损失成本占 50%。

我们咨询辅导过一家生产制造企业，当时的质量成本处于 N1 点，负责质量管理工作的质量保证、质量检验、质量工程等岗位人员很缺乏。在总经理的意识中就认为那些岗位不像销售和生产岗位那样能够给企业带来可见的经济价值。当推动该企业采用这个分析工具之后，总经理意识到增加一些质量管理方面的人力资源，可以大幅降低内外损失成本，于是果断开启了质量管理变革。实践证明，随着质量管理水平的提升，该企业的内外部损失成本大幅降低，同时也由于外部损失成本的降低，使客户感知到该企业质量水平提升，生产订单也明显提升。

（4）成本动因分析法

成本动因是指引起成本发生的原因，它决定着成本产生，支配着成本行动，多个成本动因结合起来便决定一项既定活动的成本。企业的特点不同，具有战略地位的成本动因也不同。因此，识别每项价值活动的成本动因，明确价值活动的成本地位形成和变化的原因，可以为改善价值活动和强化成本控制提供有效途径。

从战略成本管理的高度来看，成本动因分析既包括对围绕企业的作业概念展开的、微观层次上的执行性成本动因进行分析，也包括对决定企业整体成本定位的结构性成本动因进行分析。分析这两个层次的成本动因，有助于企业全面地把握其成本动态，并发掘有效路径来获取成本优势。

执行性成本动因分析包括对每项生产经营活动的资源动因和作业动因进行分析。

资源动因是指资源被各作业消耗的方式和原因，它是把资源成本分配到作业的基本依据。

作业动因是指作业贡献于最终产品的方式与原因，如购货作业动因是发送购货单数量。一般企业的购货加工、装配等均为增值作业，而大部分的仓储、搬运、检验，以及供、产、销环节的等待与延误等，由于并未增加产出价值，为非增值作业，应减少直至消除，以使产品成本在保证产出价值的前提下得以降低，如图 3-23 所示。

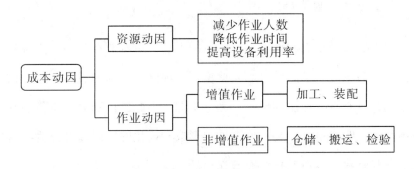

图 3-23　成本动因要素分析图

当我们将视角从企业的各项具体活动转向企业整体时，就会发现大部分企业成本在其具体生产经营活动展开之前就已被确定，这部分成本的影响因素即称结构性成本动因。

结构性成本动因从深层次上影响着企业的成本地位，如产业政策，企业规模，厂址的选择，以及关于市场定位、工艺技术与产品组合的决策等，将会长久地决定其成本地位。为了创建长期成本优势，应比竞争对手更有效地控制这类成本动因。

作为中国首个民营资本独资经营的低成本航空公司专线，春秋航空为了应对激烈的竞争，采取了如下措施：

①春秋航空只用 A320 飞机，为提高飞机利用率，只设置经济舱，每架飞机座数高达 180 个。通过增加座位数降低单座位成本。

②飞机全部采用批量租赁形式，租赁公司给出最优惠的价格和售后服务，并根据需求改造成单舱位布局及简单客舱装饰。

③春秋航空不进中航信系统，自建销售平台，甚至自主研发旅客自助离港系统、自助登机系统、收益管理系统、飞行管理系统、飞机维修管理系统，大大节省了请外援做外包的大笔资金。

④春秋航空将自身业务定位于 3~4 小时的短航线市场，去掉非必要的服务，专心服务于"自掏腰包的普通收入人群"。

⑤采用国产摆渡车，其成本与进口摆渡车相差 4 倍；不靠廊桥；使用可以重复使用的塑料登机牌；飞机上不对号入座，先到先得；减少起降费用，加快飞机转场效率。

春秋航空对结构性成本动因的管控，使客座率高达 88%，远超行业平均水平的 60%，飞机利用率日均高达 10~12 小时，远超行业平均水平的 9 小时，带来成本的大幅节约，利润水平领先同行。

3. 费用精益化

费用精益化主要从销售费用、管理费用、研发费用、财务费用四个方面去寻求改善的机会，我们将这些费用细分为增值型、支持型和浪费型三类，并建议坚决清除"浪费型"费用，优化"支持型"费用，"增值型"费用不但不能降，还要适当增加，以增加企业的持续增长动力。

（1）销售费用

销售费用是指企业在销售产品、自制半成品和工业性劳务等过程中发生的各项费用。

销售费用主要分为以下两类：

①变动性销售费用，它是指在销售产品的过程中，随着销售量成比例变化的各种费用，如佣金、包装费、运输费、手续费等。

②固定性销售费用，它是指在销售产品的过程中，不随产品销售量的变化而变化的各项费用。

销售费用的管控措施主要有如下几点：

①加强预算管理。建立预算外资金的审批和资金使用跟踪制度。销售费用预算以销售收入预算为基础，通过分析销售收入、销售利润和销售费用之间的关系，努力实现销售费用的最有效使用。

②设计薪酬体系。对销售人员薪酬体系的设计应当保持稳定性和连续性，要体现出当前营销管理的重点。

③建立健全的财务管理制度。

（2）管理费用

管理费用是指企业行政管理部门为组织和管理生产经营活动而发生的各种费用。

管理费用的管控措施主要有如下几点：

①制定严格的预算标准。根据企业实际情况选择恰当的管理费用预算控制制度，费用预算控制制度主要有固定预算、弹性预算、滚动预算和零基预算。

②根据费用预算，对相应的管理费用实行限额法，同时与员工的业绩直接挂钩，最大程度降低费用成本，控制定额费用支出。限额报销法是就业务经办单位或人员可能开支的费用拟订一个最高限额。这种方法最大的优点是使业务主管能够精确地预测其费用，而且也可以防止业务经办单位或人员产生浪费。

③分解费用指标，落实费用责任主体，根据费用开支的权责归属和管理任务，建立必要的管理费用开支授权审批制度。

④对于已列入预算但超过开支标准的费用项目，应由相关部门提出申请，报上级授权部门审批。

⑤建立费用支出内部报告制度，实时监控费用的支出情况，发现问题及时上报有关部门，对费用责任主体进行考核。

⑥加强对费用监督检查，明确监督检查人员职责权限，定期和不定期地开展检查工作。比如检查费用授权批准制度、费用预算执行情况等。

⑦管理费用分析制度的设计，分析费用计划数与实际数产生差异的原因，并将其作为奖惩依据，以便改进未来工作。

我们有一个企业客户，年产值 127 亿。通过分析其成本费用构成，结果发现最大的管理费用来自于总经理办公室：一是养了一堆车、一堆司机；二是原有的一个老股东不参与任何经营，一个月领四五万元的工资。我们给企业提了两个建议：一是每个股东可以配司机，但自己出钱。不参与经营的股东，只是投资方，靠利润分红，还有市场股权溢价，不能报销日常费用；二是公司董事长、总经理带头削减费用，坐飞机不能选择头等舱，一律订经济舱，想坐头等舱的，自己掏钱补差价。一年下来，管理费用同比直接下降了 10%，董事长要求以此类推，全面管控管理费用。

（3）研发费用

研发费用是企业在进行研究与开发的活动过程中，所使用资产的折旧、消耗的原材料、直接参与开发人员的工资及福利费、开发过程中发生的租金等支出项目的总称。其中，研发活动，是指企业为获得科学与技术新知识，创造性运用科学技术新知识，或实质性改进技术、产品（服务）、工艺而持续进行的具有明确目标的系统性活动。

为鼓励企业开展研究开发活动（简称研发活动），税法允许企业的研究开发费用（简称研发费用）在税前加计扣除，并为此出台了一系列规范企业研发费用加计扣除的政策文件。下面引用一个政策文件示例，各企业要用好相应的政策文件，降低成本。

《财政部　国家税务总局　科技部关于完善研究开发费用税前加计扣除政策的通知》（财税〔2015〕119号）第一条第（一）项规定，研发费用的具体范围包括：

①人员人工费用。指直接从事研发活动人员的工资薪金、基本养老保险费、基本医疗保险费、失业保险费、工伤保险费、生育保险费和住房公积金，以及外聘研发人员的劳务费用。

②直接投入费用。指研发活动直接消耗的材料、燃料和动力费用；用于中间试验和产品试制的模具、工艺装备开发及制造费，不构成固定资产的样品、样机及一般测试手段购置费，试制产品的检验费；用于研发活动的仪器、设备的运行维护、调整、检验、维修等费用，以及通过经营租赁方式租入的用于研发活动的仪器、设备租赁费。

③折旧费用。指用于研发活动的仪器、设备的折旧费。

④无形资产摊销。指用于研发活动的软件、专利权、非专利技术

（包括许可证、专有技术、设计和计算方法等）的摊销费用。

⑤新产品设计费、新工艺规程制定费、新药研制的临床试验费、勘探开发技术的现场试验费。指企业在新产品设计、新工艺规程制定、新药研制的临床试验、勘探开发技术的现场试验过程中发生的与开展该项活动有关的各类费用。

⑥其他相关费用。指与研发活动直接相关的其他费用，如技术图书资料费、资料翻译费、专家咨询费、高新科技研发保险费，研发成果的检索、分析、评议、论证、鉴定、评审、评估、验收费用，知识产权的申请费、注册费、代理费，差旅费、会议费，职工福利费、补充养老保险费、补充医疗保险费。

⑦财政部、国家税务总局规定的其他费用。

（4）财务费用

财务费用是指企业为筹集生产经营所需资金等而发生的筹资费用，包括利息支出（减利息收入）、汇兑损益以及相关的手续费、商业汇票贴现发生的贴现利息、企业发生或收到的现金折扣等。

其中，利息支出指企业短期借款利息、长期借款利息、应付票据利息、票据贴现利息、应付债券利息、长期应付引进国外设备款利息等利息支出减去银行存款等的利息收入后的净额。

汇兑损失指企业因向银行结售或购入外汇而产生的银行买入、卖出价与记账所采用的汇率之间的差额，以及月度（季度、年度）终了，各种外币账户的外币期末余额，按照期末规定汇率折合的记账人民币金额与原账面人民币金额之间的差额等。

降低财务费用的主要途径有以下几点：

①做好资金运用计划，加强资金存贷管理。

②利用银行信贷、短期融资券等多渠道融资，用足商业信用，降低资金占用成本。

③利用商业汇票的优点，灵活安排资金。

④加速回收货款，合理推迟付款。

⑤控制银行手续费支出。

4. 效率精益化

本节重点关注如何提升企业的投入产出效率，主要介绍八大浪费、价值流程图、资产周转率、价值工程四个经典工具。

（1）八大浪费

菲利普·科比（Philip Kirby）在《流程思维：企业可持续改进实践指南》一书中提炼了生产企业最常见的八大浪费：等待的浪费、搬运的浪费、不良浪费、动作浪费、加工浪费、库存浪费、制造过多（过早）的浪费、管理浪费等。其实每个企业都存在或多或少的浪费，都有必要了解、学习，在公司内部构建浪费改善小组。如果工具用得好，每年可节约成本 1~3 个百分点。

①过量生产的浪费。

"过量生产的浪费"又被称为"最不值得的浪费"（见表 3-9）①。在成熟市场背景下，大批量采购有可能造成浪费——资金、库房管理、产量多余、可能过期，所以企业需要在计划端、生产端、财务端寻求合理的平衡点，并高度协同才可能避免或减少过量生产的浪费。

表 3-9　过量生产的浪费

1. 定义	生产过程需求数量或生产速度超过需求速度（被视为根本的浪费因素，因为它导致其他浪费因素总量的最大化）。具体包括： *生产产品的时间早于或数量超出用户需求； *信息的产出数量或速度超出用户需求或信息数量超过下一道流程的需求； *创建的报告无人阅读，或复印份数超出实际需求
2. 特征	①屯聚的物资库存； ②额外的设备、投资和人力； ③不均衡的物料流程； ④复杂的库存管理体系； ⑤浪费的空间——外部空间或备用存放地； ⑥大批量； ⑦隐藏问题——取消和返工

---

①　表 3-9、表 3-10、表 3-11、表 3-12、表 3-13、表 3-14、表 3-15、表 3-16 均引自菲利普·科比（PHILIP KIRBY）所著的《流程思维：企业可持续改进实践指南》，肖舒芸，译，人民邮电出版社，2018 年。

表3-9(续)

3. 原因	①流程能力不足； ②缺乏沟通； ③奖励体系/局部最优化； ④转换时间

②不良品浪费。

不良品浪费又被称为"最大的浪费"（见表3-10）。通常可以采取全面质量管理（TQM）、品管统计手法（SQC）、品管圈活动（QCC）、异常管理（广告牌管理）、首件检查、不制造不良的检查、防错法等方法加以控制。如湖南艾华集团几十年如一日坚持"扫除道"，既提高了员工的工作效率，又提升了产品的良品率。

表 3-10　不良品浪费

1. 定义	需要纠正的错误，具体包括： ＊修理或更换某个产品或服务以满足用户需求； ＊数据录入失误、定价失误、信息缺失、规格缺失、记录遗失
2. 特征	①需要人力审查或返工； ②封存商品和报废产品； ③救火文化（被动反应而非积极主动应对）； ④查找故障/防御性； ⑤服务恶劣/客户关系
3. 原因	①流程失败/偏差因素过多； ②缺乏标准化作业； ③缺乏培训/操作员失误； ④供应商能力不足

③搬运/运输浪费。

搬运/运输浪费又被称为"不必要的浪费"（见表3-11）。搬运是一种无附加价值的动作。避免或减少搬运及运输浪费的思路是优化工厂布局、优化搬运方式、优化生产方式。

表3-11　搬运/运输浪费

1. 定义	将物料或信息从一处运至另一处，或将物料运入或运出库房，以及系统、电子表格、模板的输入或删除等。具体包括： ＊与持续生产流程概念相悖； ＊信息或物料在人与人、部门与部门、应用与应用之间转移
2. 特征	①需要人力审查或返工； ②封存商品和报废产品； ③救火文化（被动反应而非积极主动应对）； ④查找故障/防御性； ⑤服务恶劣/客户关系
3. 原因	①流程失败/偏差因素过多； ②缺乏标准化作业； ③缺乏培训/操作员失误； ④供应商能力不足

我给某建筑公司做咨询，到施工现场去看。看完之后我就问：切割钢筋的机器放在哪比较合适？因为如果地方设计不合理，就会存在大量搬运的浪费。假如一个小区分成好几期开发，项目经理将机器选在第一期，后续开发时，机器就不再换地方。但他没计算过是搬一次设备划算，还是切割完之后在内部搬运钢筋划算。不同方式的成本，对于企业来说，一定要核算清楚。

④过度加工的浪费。

过度加工的浪费又被称为"过早的浪费"（见表 3-12），通常是因过早实施造成了浪费。所以，避免过度加工浪费的思路是正确识别客户需求，简化流程，制定详细标准等。

表 3-12　过度加工的浪费

1. 定义	加工质量或精度超过了客户的需求。具体包括： ＊用能力过强的设备加工
2. 特征	①流程瓶颈； ②设备体积过大； ③缺乏明确的用户规格说明； ④冗余的批准环节/超量的信息和报告
3. 原因	①工程变更的同时流程未相应变更； ②新技术用于旧产品； ③未输入用户需求； ④不适当的决策

⑤库存的浪费（库存过多）。

库存是生产过程中停滞物料的总称。库存量越大，资金积压就越厉害（见表 3-13）。

表 3-13　库存的浪费

1. 定义	任何超出满足用户需求的存货。具体包括： ＊物料的过度采购导致货物杂知己堆放和存储/存储地点过多； ＊满足组织需求的必要信息并未准确、及时地提供，或通过易用的方式提供； ＊信息不准确、不完整、不及时； ＊同时收到相当于一年产量的产品或办公用品； ＊等待文件、电子邮件排队； ＊原材料过量，半成品、成品过量
2. 特征	①库存积压：先到的还在等，而不是先到先处理； ②遇到问题时大量返工； ③工程更改导致前置时间延长； ④过多的无聊处理和存储空间； ⑤对用户的需求更改回应缓慢
3. 原因	①流程问题和供应商能力不足； ②无法控制的瓶颈流程； ③不准确的预测； ④奖励体系/局部最优化； ⑤换模时间长

　　海尔是中国第一个实现产品端、原材料端都达到零库存的企业。海尔零库存的工厂一般是这样：在工厂旁边有 8 家供应商，每个供应商都有一个传送带，海尔的生产计划一旦下达，所有的供应商必须按生产节奏往上传送，没有任何库存。在渠道端，海尔实现仓就是库、库就是仓一体化零库存。所以未来的零库存包含两个：一个是前端供应链零库存，一个是后端渠道端零库存。

　　对于短期还没有大数据运算能力支持的中小企业，可以通过均衡化生产、流程调整、看板管理、计划统筹等方法避免或减少库存浪费。

⑥等待的浪费。

等待的浪费是最常见又易被忽略的成本倍增器（见表3-14）。消除等待浪费是一个系统性的改善问题，包括计划均衡、布局合理、快速切换、设备自主保全、质量管控等具体方法。

表3-14   等待的浪费

1. 定义	流程内部或流程之间缺乏同步化（均衡）导致的闲置时间。具体包括： ＊员工看着自动化机器，空等着下一个流程步骤； ＊由于缺乏库存、信息缺失、机器/系统故障而导致的无所事事； ＊在等待信息、会议、签名、回电、复印或电脑故障期间，资源（人力、钱、时间）的流失
2. 特征	①等待机器的人； ②等待人的机器（装货/卸货）； ③等待人的人； ④工作失衡； ⑤设别故障
3. 原因	①工作方法不持续； ②机器换模时间长； ③人/机器低效； ④缺乏合适的机器

⑦移动/动作的浪费。

不产生附加价值的动作、不合理的操作、效率不高的姿势和动作均是动作的浪费（见表3-15）。生产过程中，除了人员本身动作优化，改善工具也是减少动作浪费的重要方式。

表 3-15　移动/动作的浪费

1. 定义	无法为产品/服务带来附加值的人或机器的移动。具体包括： *行走、找文件、多次点击或敲击键盘、整理桌面文件、收集信息、寻找手册和目录、处理文书工作、联系
2. 特征	①观察/步行寻找工具； ②过度伸展/弯腰； ③机器/物料相隔太远； ④设备之间的传送带； ⑤在各种流程周期中忙碌地流动
3. 原因	①设别、办公和工厂布局； ②工作场所缺乏组织性； ③不可持续的工作方法； ④大批量

⑧管理浪费。

管理浪费也被称为"额外的浪费"（见表 3-16）。在制造现场的管理本意是使人、机、料处于最佳的受控状态，对于问题的处理和解决做到快速有效。

表 3-16　管理浪费

1. 定义	规则、程序、策略和政策与流程目标不相符，导致了一些活动干扰了价值流向用户的过程。具体包括： *制定激励措施使流程、职能或部门实现局部最优化，付出的代价是整个价值传送体系的低效运行
2. 特征	①对信息的批量处理和转移； ②按部门安排职能； ③有序活动和并行活动； ④在多个场所重复输入信息； ⑤孤立的电子表格和软件程序； ⑥前置时间延长

表3-16(续)

3. 原因	①不考虑最小批量和地理位置，一律从低成本供应商处采购； ②将工作焦点放在资源上，而非流程上； ③衡量流程目标，而非衡量流程能力； ④关注股东价值，而非关注用户价值； ⑤对实验感到恐惧

（2）价值流程图

价值流程图，英文全称 value stream mapping，简称 VSM，是丰田精益制造生产系统框架下的一种用来描述物流和信息流的形象化工具。价值流程图的目的是为了辨识和减少生产过程中的浪费。

绘制价值流程图的操作步骤如下：

第一步是信息流程，即从市场部接到客户订单或市场部预测客户的需求开始，到使之变成采购计划和生产计划的过程；第二步是实物流程，即从供应商供应的原材料入库开始，随后出库制造、成品入库、产品出库，直至产品送达客户手中的过程。此外，实物流程中还包括产品的检验、停放等环节。

以某企业某产品生产工序优化为例（图3-24），依照新的方案安排生产，生产提前期可减小到0.5天，比原来减少了66.67%。同时可实现流水线下的拉式生产，在制品库存也可明显减少，对装配车间的需求响应将更加迅速准确。生产线平衡率提高到97.2%，大大降低了等待的浪费。

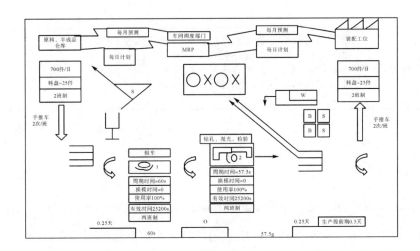

图 3-24　某产品生产工序优化价值流程图

（3）资产周转率

资产周转率是在财务管理上的一个核心指标，它反映了资产周转的速度，通俗地讲就是资产赚钱的效率。资产周转率可以分为总资产周转率、分类资产周转率（流动资产周转率和固定资产周转率）和单项资产周转率（应收账款周转率和存货周转率等）三类。

企业股东通过资产运用效率分析，有助于判断企业财务安全性及资产的收益能力，以进行相应的投资决策；而管理者通过资产运用效率的分析，可以发现闲置资产和利用不充分的资产，从而处理闲置资产以节约资金，或提高资产利用效率以改善经营业绩。本书重点就固定资产周转率、应收账款周转率、存货周转率进行解析。

①固定资产周转率，又称为"固定资产利用率"，是指企业年产品销售收入净额与固定资产平均净值的比率。计算公式：固定资产周转率=营业收入÷固定资产平均净值。它是反映企业固定资产周转情况，从而衡量固定资产利用效率的指标，主要用于分析对厂房、设备等固定资产的利用效率。

②应收账款周转率，是企业在一定时期内赊销净收入与平均应收账款余额之比，它是衡量企业应收账款周转速度及管理效率的指标。应收账款周转率越高，说明其收回越快。反之，说明营运资金过多呆滞在应收账款上，会影响正常资金的周转及偿债能力。对于企业来讲，回收及时既可以节约资金，同时也说明企业信用状况良好，不易发生坏账损失。

③存货周转率，又名库存周转率，是企业一定时期营业成本（销货成本）与平均存货余额的比率，是衡量和评价企业购入存货、投入生产、销售收回等各环节管理效率的综合性指标，其意义可以理解为一个财务周期内，存货周转的次数。通过分析存货周转率，有利于找出存货管理中存在的问题，尽可能降低资金占用水平。

（4）价值工程

价值工程（value engineering，VE），也称价值分析（value analysis，简称 VA），是指以产品或作业的功能分析为核心，以提高产品或作业的价值为目的，力求以最低寿命周期成本实现产品或作业使用所要求的必要功能的一项有组织的创造性活动，有些人也称其为功能成本分析。

价值工程于 1995 年写进了美国法律，并要求所有的军工企业必须使用。20 世纪 90 年代日本开始推行价值工程。按照行业统计，该方法有机会帮助使用者节约 3%～5% 的成本。它的难点是需要分析产品和费用的构成，所以需要一定的财务分析能力。

价值工程是一门工程技术理论，其基本思想是以最少的费用换取所需要的功能。这门学科以提高工业企业的经济效益为主要目标，以促进老产品的改进和新产品的开发为核心内容。价值工程涉及到价值、功能和寿命周期成本等三个基本要素，接下来逐一介绍。

①价值概念。

价值工程中的"价值"就是一种"评价事物有益程度的尺度"。例如，人们在购买商品时，总是希望"物美而价廉"，即花费最少的代价换取最多、最好的商品。价值工程把"价值"定义为"对象所具有的功能与获得该功能的全部费用之比"，即

$$V = F/C$$

式中，V 为"价值"，F 为功能，C 为成本。

价值 V：指对象具有的必要功能与取得该功能的总成本的比例，即效用或功能与费用之比。

功能 F：指产品或劳务的性能或用途，即所承担的职能，其实质是产品的使用价值。

成本 C：产品或劳务在全寿命周期内所花费的全部费用，是生产费用与使用费用之和。

②功能概念。

价值工程认为，功能对于不同的对象有着不同的含义：对于物品来说，功能就是它的用途或效用；对于作业或方法来说，功能就是它所起的作用或要达到的目的；对于人来说，功能就是他应该完成的任务；对于企业来说，功能就是它应为社会提供的产品和效用。总之，功能是对象满足某种需求的一种属性。任何功能无论是针对机器还是针对工程，最终都是针对人类主体的一定需求目的，最终都是为了人类主体的生存与发展服务，因而最终将体现为相应的使用价值。因此，价值工程所谓的"功能"实际上就是使用价值的产出量。

③成本概念。

价值工程所谓的成本是指人力、物力和财力资源的耗费。其中，人力资源实际上就是劳动价值的表现形式，物力和财力资源就是使用价值的表现形式，因此，价值工程所谓的"成本"实际上就是价值资源

（劳动价值或使用价值）的投入量。

价值工程方法的实施分为六个阶段（见表 3-17）。

表 3-17　价值工程方法的实施阶段

步骤	①准备阶段	②信息阶段	③功能阶段	④构思阶段	⑤评估阶段	⑥开发实施
关键事项	确定对象 确定利益相关者 定义目的和需求	收集信息 定义项目 定义成本 定义时间进度	定义功能 功能分类 确定关系	产生想法	评估想法 确定替代方案	验证方案 审查方案 实施方案
方法	事前会议	简单的成本模型	功能分析	头脑风暴法	评估矩阵	成本估算

小结

如果说战略是主动为企业的发展选择了方向，组织能力是为了战略的实现而进行的主动优化和调整，那么持续的价值创新，尤其是"双精策略"无疑是企业保持长久发展动力的必要条件。本章用大量篇幅向读者详细介绍了多种经过验证、科学实用的经典价值创新工具。企业需要结合自身发展需求，选择使用。

应用思考

1. 你的企业在增长发展中是否有明确的战略选择？是如何选择的呢？

2. 你的企业战略选择是否有意或无意使用到了"双精策略"？有何体会？

CHAPTER 4

企业良性增长路径规划

本章导读：

中小企要实现良性增长，需要解决的两大核心问题通常是产品和市场的开拓，也正是我们常说的"产品为根，客户为本"。如何在确定战略方向之后实施产品和市场拓展，从而实现企业良性增长呢？

本章将用安索夫矩阵这一工具，详细解析企业良性增长的路径。

◀ CEO ▶

一、良性增长路径的理论根基：安索夫矩阵

良性增长是企业发展的唯一战略目标。既然说到战略，就不得不提被尊称为战略管理的鼻祖——伊戈尔·安索夫（Igor Ansoff）。

安索夫在战略管理中的特殊地位，基于他对战略管理的开创性研究。作为战略管理的一代宗师，他首次提出公司战略概念、战略管理概念、战略规划的系统理论、企业竞争优势概念，以及把战略管理与混乱

环境联系起来的权变理论。安索夫的理论包含了很多思想，差距分析、3S 模式、安索夫矩阵、核心竞争力、4 个战略要素，这些概念都是他创造的，而这些思想引导了之后数十年的战略理论发展。尤其是"安索夫矩阵"这一综合考虑经营战略的思路，后来被波士顿咨询公司所采用。波士顿咨询公司的创始人布鲁斯·亨德森于 1970 年创立波士顿矩阵（BCG Matrix），成就了波士顿的高速发展。

1957 年，安索夫提出安索夫矩阵（见图 4-1），并发表于当年的《哈佛商业评论》，年代虽已久远，但安索天矩阵一直作为策略模型的基本款，至今仍在被全球大量公司使用。该矩阵也被称作产品/市场方格、产品市场扩张方格或成长矢量矩阵。该矩阵以产品和市场作为两大基本面向，列出四种产品/市场组合和相对应的营销策略，是应用最广泛的营销分析及战略管理工具之一。

安索夫矩阵是以 2×2 的矩阵代表企业期望使收入或获利成长的四种选择，由此推演出四种不同类型的成长性发展策略：

◇市场渗透策略——以现有的产品或服务面对现有的顾客。以产品市场组合为发展焦点，力求提高产品的市场占有率。主要采取市场渗透的策略，借由促销或是提升服务品质等方式，来说服消费者改用不同品牌的产品，或是说服消费者改变使用习惯、增加购买量等。

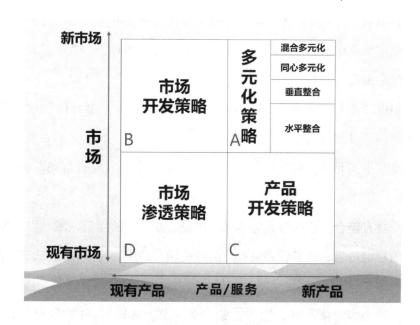

图 4-1　安索夫矩阵

◇市场开发策略——提供现有产品或服务开拓新市场。企业必须在不同的市场上找到具有相同产品需求的使用者，在过程中往往产品定位和销售方法会有所调整，但产品本身的核心技术则不必改变。

◇产品延伸策略——推出新产品或服务给现有顾客。采取产品延伸的策略，利用现有的顾客关系来借力。通常手法是加深现有产品的深度和扩大广度，推出新一代或是相关的产品给现有的顾客，提高该厂商在消费者支出中的占有率。

◇多元化经营策略——提供新产品给新市场。此处由于企业的既有专业知识能力可能派不上用场，因此多元化策略是最冒险的。其中成功的企业多半能在销售或产品技术等技能上取得某种协作，否则多元化的失败概率很高。

根据"新"产品和（或）市场的新异程度，在"多元化"这个象限中，还可以细分出一系列更为具体的发展方向：

◇**水平多元化**，将技术上毫无关联的新产品引入现有市场，收购/合并。

◇**垂直整合**，企业进入原本属于供应商或客户的经营领域，以确保供应的稳定可靠，或者提高自身产品在终端产品中的有效使用率，前向后向一体化。

◇**同心多元化**，核心能力扩张，将技术上紧密关联的新产品引入（现有）市场。

◇**混合多元化**，投资为主。

安索夫矩阵通过分析产品—市场组合，再结合企业的发展方向及独特竞争优势，为企业提供了一条当前外部环境下合乎逻辑（战略性）的发展道路。

简言之，安索夫矩阵就是从产品和市场两个维度来看，现有产品和现有市场就是把老产品卖给老客户，这叫市场渗透，属于图4-1的D象限；如果说把新产品卖给老客户，这叫产品开发策略，属于图4-1的C象限；把老产品卖给新客户，这叫市场开发策略，属于图4-1的B象限；还有一种是把新产品卖给新客户，这叫多元化策略，属于图4-1的A象限。ABCD这四个象限，哪些风险更小？如果排序的话，风险最大的可能是A象限，即把新产品卖给新客户，这就是寻找第二曲线。A象限中混合多元化的风险最高，因为完全跟原有客户、原有产品无关。

按照前文所述"真正的战略就是组织能力与市场需求的动态匹配"，那么，A象限的把新产品卖给新客户，需要具备两个能力：一是开发新产品的能力，二是开发新市场新客户的能力。这对企业的能力要求非常高，混合多元化的风险自然也会加大。如果想开拓新市场，自己却没有这方面能力怎么办？合作！

其实，每一个象限都有风险，对能力的要求也不一样。比如C象限，把新产品卖给老客户，取决于两项核心能力：一是产品的研发和设计能力；二是市场开拓的能力，有没有团队，有没有清晰的"打法"或者路径。

既然开拓新市场可以发展渠道商，找合作商、加盟商，那研发可不可以合作？可以。怎么合作？外包。国内现在有很多产品设计机构，可以谈合作。有时候企业会觉得产品设计成本高，但是很可能自己设计10多个产品才能成功一个，所花的时间成本和团队成本并不比外包低。

安索夫矩阵可以帮助企业科学地选择战略模式，但在使用该工具的时候，必须掌握其核心步骤：

首先，考虑在现有市场上，现有的产品或服务是否还能得到更多的市场份额（市场渗透战略）；

其次，考虑是否能为其现有产品或服务开发一些新市场（市场开发战略）；

然后，考虑是否能为其现有市场发展若干有潜在利益的新产品（产品开发战略）；

最后，考虑是否能够利用自己在产品、技术、市场等方面的优势，根据物资流动方向，采用使企业不断向纵深发展的一体化战略。

二、安索夫矩阵应用体系

1. 现有市场渗透

现有市场渗透是用现有产品和服务针对现有市场所进行的深耕，就是提高市场份额，除了现有客户关系的维护之外，还需考虑新客户的开拓、成本能否比别人低。如果管理做到精益化，就能实现低成本，就有机会用低价格抢占市场份额。低价格是不是代表低利润？并不是，低价格代表的是效率比较高，是通过提高管理效率来降低成本。而不是在成本没有优势的情况下，一味降价。

对于现有市场渗透，有以下四种方式可供企业参考：

广告/促销：首先需要思考新的广告和促销手段能否说服顾客增加

购货数量和频率。如果不能，就要反思新的广告和促销手段的有效性，顾客的购买数量和频率是否能够作为相关指标进行评价。针对现有市场，是不是能通过打广告做促销做到目标客户全部覆盖？如果成本比较低，是不是可以覆盖所有客户可以触达的渠道？这叫全渠道覆盖。

忠诚度建设：忠诚度建设也叫客户维护，要注意频次和深度。怎样才能通过客户的每次采购行为增加信任度和市场份额？互联网公司对于忠诚度建设有几个指标很有意思，比如 RFM 指标：R（recency）表示客户最近一次交易与当前时间的间隔，F（frequency）表示客户的交易频率，M（monetary）表示客户的交易金额。如果一个客户最近三个月都没复购，他很可能要流失了，这是我们常说的交互频次。那交互深度又是指什么呢？交互深度往往有两种数据：一种是过程的行为数据，另一种是结果的交易数据。客单价属于哪一种？结果交易数据往往是"事后诸葛亮"，真正的大数据分析是分析用户的过程行为数据。

举例说明，假如有两本书，一本是黑色封面，另一本是浅蓝色封面，现在需要分析哪个更好看？一般情况下传统的用户调查会发问卷，问客户选哪一个。互联网公司不这样操作，它就会把这两个东西放在一篇软文里，比如写一篇《书籍封面设计的八大注意事项》，将两个图片放到软文里，然后看消费者的点击率，后台就会记录数据，然后进行分析。如果数据显示点击这本书的百分之七八十都是男士，选择黑色封面的占 70%，并且年龄在 35~45 岁，那么它就知道这本书的目标受众和后期设计制作方向。所以互联网针对用户提供"千人千面"的页面，是通过数据分析出来的，这就是交互的深度。行为数据不仅可以显示购物习惯占比等，还可以洞察用户的全过程消费行为习惯。

定价策略：能否通过调价促进销量和净收入？请注意，这里说的是调价，不是涨价，也不是降价。不到万不得已不要降价。那如果不降价，市场份额不够怎么办？看一组数据就容易明白轻易降价会带来什么后果了。

我们统计了全球 1 200 家企业 2010—2015 年的平均经营数据。如图 4-2 所示，商品价格打 9.5 折，则需要销售额增长 18.5%才能维持原价带来的利润。

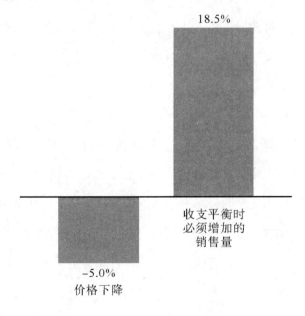

图 4-2　盈利杠杆的比较

对于新进入市场的品牌，既可以采取迅速占领市场的"渗透定价"，也可以大胆采用跳脱市场认知的"撇脂定价"或组合定价等多种方式。孰优孰劣不可一概而论，我们以"国民奶茶"蜜雪冰城为例，探究它的定价策略及深层逻辑。

"让全球每个人享受高质平价的美味"已经成为蜜雪冰城的 slogan（口号）。极低的客单价是蜜雪冰城一直以来坚持的定价策略。靠着 2 元一支的冰淇淋，4 元一杯的柠檬水，单人消费 10 元左右的低价策略，蜜雪冰城在全国 2 000 多家现制茶饮品牌中脱颖而出。2021 年，蜜雪冰城门店数量已经突破 2 万家，成为国内门店规模最大的连锁茶饮品牌之一，在获得了美团龙珠、高瓴资本联合领投的首轮融资后，蜜雪冰城估值超过 200 亿元。

蜜雪冰城"低价"的背后，得益于其完善的供应链体系——原料采购上，蜜雪冰城直接与饮品制作相关的水果产地、茶叶产地合作，在产地建厂，跳过中间环节，节省成本；在研发生产上，蜜雪门店用到的原料几乎都为奶茶粉、冰淇淋粉、咖啡粉、水果浓缩液等加工好的半成品。标准化的操作流程既提高了效率，还为门店节省了培训员工的人力成本，且在最大程度上保证了各门店的口味一致；在仓储物流上，蜜雪冰城多在距离生产基地不远处，自建仓储物流中心，确保在最短的时间内完成配送。所以，定价的背后需要清晰的定位和战略体系支撑。

交叉销售：能否对现有核心产品顾客交叉配售其他现有产品和服

务？上文提到，不到万不得已不要打折。那应该采取什么策略呢？组合营销和赠品。组合营销和赠品是有区别的。比如，买4盒月饼送1盒月饼，这跟直接打8折有区别吗？当然有区别。如果客户买3、4盒以下占比较高的话，买4盒送1盒一定能拉升销售额？不一定，因为既有可能买1~3盒的客户都不买了，也有可能买3盒的客户，愿意多买1盒。所以，这时候要看数据分析到底是散客多还是买5盒以上的团购多。如果团购多，送1盒绝对比打8折要好得多。赠品就需要送高感知价值、低价格的产品，最好让客户感觉很值钱，但是实际上成本低。

以上这些涉及消费者心理学，什么样的客户在什么样的场景下需要什么，然后我们才能给客户想要的。尤其是做终端消费品和快消品的，更要学习消费心理学，这也是商业精益化和精细化的体现。

2. 开发新客户

开发新客户，先要有品牌意识。品牌包括四个方面要素：

第一个是品牌的知名度，是指公司品牌被大众知晓的程度，它表明品牌为多少或多大比例的消费者所知晓，反映的是顾客关系的广度。

第二个是品牌的联想度，是指提到某一品牌时消费者大脑中会浮现出来这一品牌的关键信息，也就是定位。比如说到沃尔沃，就想到安全；说到沃尔玛，就想到性价比高；说到宜家，就想到场景化的主题家居。宜家改变了中国家居的销售模式。曾经我们的桌子和椅子是分开卖的，买椅子，你要到椅子区去看，买桌子你要到桌子区去看，宜家把相关家具融合到一个场景中，做的是体验和极致的性价比。为了降低原材料成本，宜家自己种树。沃尔玛为提高效率，自己发射卫星建立通信系统，确保各地商店可以在短时间内对每种商品的库存、上架、销售量全都盘点一遍，而且通过卫星通信系统，沃尔玛的数据中心与供应商也建立了联系，形成了快速反应的供应链，使沃尔玛超市不会发生缺货情况。

第三个是品牌的忠诚度，是指消费者对品牌偏爱的心理反应，反映了消费者对该品牌的信任和依赖程度。如火锅品牌"海底捞"，因为其独树一帜、宾至如归的服务，吸引了大量消费者成为其"铁粉"。

第四个是品牌的感知度也可以叫美誉度，是指消费者对品牌的"感知质量"（perceived quality）。它是消费者对品牌所传达的信息与同类产品相比的优势综合体验，决定着品牌的效应价值比。通俗地说，就是使用之后感觉好不好。

如果想提高品牌的四个维度指标，指标怎么定呢？通常知名度的指标按目标用户群的百分比来设定指标值。举个例子，假如我们要做一个鲜花品牌叫"皇室姐妹花"，目标用户群是广州在校的女大学生。在中山大学、华南理工大学等广州的大学校园抽样100多名女大学生，看百分比就知道了。如果指标设定偏了，路径就会偏；指标设定好了，路径就合适。假如说确定了目标是大学生，100 个左右的样本量即可，但不要太集中，大一到大三各占三分之一，不用调查大四的了，因为大四学生多数已外出实习。选样本的时候，样本的数量和代表性很重要。

联想度用什么指标，可以考虑用转化率。可以让受访者用一句话描述对品牌的认知，看看符合品牌定位的描述占多少比例。例如，调查100 名大学生，让他们一句话描述皇室姐妹花是做什么的。如果她说皇室姐妹花是卖花的，等于没说，因为所有的花店都可以叫卖花的；如果说皇室姐妹花只卖云南的花，这样就有了独特的标签，就能联想到我们的品牌。

忠诚度的衡量指标，一个是复购率。复购率不同于占比，复购率是我第一次买了你的产品，第二次还买；占比是指我买了你的产品也买了别人的产品，即在同类产品销售中间我们占多少份额。还有一个指标是交互次数。什么叫交互？就是用户有没有留言，有没有提建议，即互动的次数。最重要的指标是净推荐率，净推荐率和推荐率有一些区别。举个例子，假如全班有 60 个同学听课，有 50 个说老师讲得好，有 10 个说讲得一般，这时候有 50 个人都愿意推荐老师，10 个人不推荐，这时老师的净推荐率是多少？（50-10）÷60＝67%，如果是推荐率，就是 50人愿意推荐，50÷60＝83% 就是推荐率；净推荐率要去掉明确反感你的人。互联网企业大都用这些指标来看忠诚度。

感知度怎么衡量？可以用好评率，也可以用满意度。

回归到开发新客户，有五个方面需要强调：

第一，新的广告和促销手段能抓住现有层次的新顾客吗？顾客一直都在，只是还没有机会接触或体验你的产品和服务，所以关键问题在于如何创新促销手段，精准触达潜在客户。比如，针对知性女士健身美容的产品，过去主要通过电视、网络、商场等投放广告，获得品牌认知，继而转化消费。现在可以利用小红书、知乎等高知人群较为集中的社交媒体，通过分享生活、工作、学习相关的知识、经验、理念等，建立信任度，线下组织沙龙、社群露营活动等，同步发布产品信息，转化销售。

第二，有没有可以吸引来采购现有产品和服务的全新顾客层次？什么叫全新顾客层次？广告促销全新顾客层次，假如说原来是针对男士，现在可不可以针对女士，原来针对18~25岁的，现在可不可以延伸到25~35岁的，所以全新顾客层次往往指的是客户的结构，就是跨越原有的客户结构。

第三，怎样才能重新配置这些产品和服务，来适应新的顾客层次？必须要思考现在的资源，假如说原来只服务18~25岁的客户结构，现在想服务25~35岁的客户，你的资源和产品服务能不能匹配，能不能跟别人合作联盟，能不能进行组合营销。

第四，有没有能组成的伙伴和联营商家来增加现有产品和服务的推销面？

第五，能不能组合这些产品和服务，并将其以吸引新顾客的方式出售？

3. 开发新产品

开发新产品要注意四个方面：

第一，应如何扩充和缩减现有产品和服务来弥补市场覆盖面的不足？是不是需要缩减那些既不赚钱，利润又低，市场份额也低的产品和业务？可以用波士顿矩阵（见图4-4）来分析产品和业务。

图4-4　波士顿矩阵

波士顿矩阵是一个产品组合管理框架，用于帮助公司给不同产品/业务排优先级。将公司的产品/业务按照规则放入图4-4的四个象限中，以此为依据，决定如何分配公司的资源，发展最具有价值的产品/业务，同时减少损失，缩减没有价值的产品/业务。

图4-4纵轴是市场份额，横轴是市场增长率。四个象限分别代表着不同的组合情景：

①市场份额大，增速低：左上角，所谓现金牛（cash cows），指市场已经相对成熟，增速缓慢，而企业市场占有率高较高的业务。已经具备成本优势的头部企业，只需要投入部分盈利就可以维持现有市场份额。在这一情境下，企业应该像挤牛奶一样，从现金牛业务中获得现金，去再投资到其他高速增长的业务。

②市场份额大，增速高：右上角，所谓明星（star），指很有前景的新兴业务，在一个快速增长的市场中，占据了相对高的市场份额。企业应该重点投资明星业务，因为它们有广阔前景，将会最终成为现金牛业务。

③市场份额小，增速高：右下角，所谓问号（question marks），指相对市场份额还不高，但市场增长率提高很快的业务。它们最终会成为明星业务，或者现金牛业务，还是会死掉，具有不确定性。这类业务通常需要远多于营收的投入，如果没有资金支持，它们会落后于市场。企业应该根据它们成为明星业务的可能性，投资或者放弃这类业务。

④市场份额小，增速低：左下角，所谓瘦狗（pets），是指相对市场份额很低，也看不到什么增长机会的，食之无味弃之可惜的业务。这类业务并不代表着会计上的亏损，但它们的盈利都必须被投入当前业务线，以维持市场份额；企业应该清算、剥离或者重组这类业务。市场的

终局是，在成熟市场中，一个企业的所有业务或者产品都会最终变成现金牛或者瘦狗。一个产品线或业务线对于企业的价值，就完全取决于企业能否在市场增速下降前占据领先的地位。

第二，现有产品和服务满足了顾客的哪些需求，而满足这些需求的理想的产品和服务是什么？

第三，可以推出怎样全然不同的新产品和服务来满足顾客正在产生或者潜在的需要？京东的发展历程就能够很好地回答这一点。2007 年京东获得第一笔融资，发展速度加快，逐步建立起规模优势。2007 年京东做出一个至关重要的战略决策，从 3C 产品转向全品类一站式购物平台。逐步完成了从 B2C 零售企业到综合型零售企业的转变，盈利模式也从垂直型转向综合型，不仅依靠自营销售商品获取盈利，也通过开放购物平台收取佣金赚得利润。这一期间，京东的转型主要通过三个方面进行：首先是扩充品类，做全品类销售；其次是渠道上游化，降低成本；最后是向第三方商家开放购物平台。

京东转向全品类的原因很简单，就是完善用户体验，紧跟客户需求，客户需求走到哪里，京东就把购物体验完善到哪里。当时购物网站繁多，客户买图书会上当当，买家电会上库巴网，买服饰更倾向于淘宝，买 IT 数码产品会选择上京东，用户要买不同的东西，得在不同的网站下单，过程较为烦琐。

京东敏锐地抓住客户需求，迅速扩充品类，节约消费者的购物时间。京东在2008年完成3C产品品类扩充，在接下来两年的时间里，京东又陆续加入日用百货、图书音像，基本完成全品类的搭建，实现了从3C产品网络零售商到全品类网络零售商的转变。

第四，有没有产品或产品线可以被收购或出让许可权来完善现有的销售范围？我们可不可以被收购？出让许可权包括品牌授权、技术授权、产品授权等。我们一般理解的特许经营都指的是加盟商，但其实还可以卖知识产权，这也叫特许经营。比如，世界上最大的民营建筑公司——法国的万喜，它就做建筑行业的特许经营。它把施工工艺技术给别人用，北京奥运会鸟巢施工监理单位之一就是万喜。

4. 开发新渠道

开发新渠道有三个点需要思考：

第一，还需要开辟哪些新销售渠道？中国的民营企业家最擅长的就是开发新渠道，是不是可以开发直销、电商、直播带货、消费者意见领袖等渠道。

第二，有没有现有产品的替补渠道？直销渠道现在是否可行？

第三，企业产品、服务交付系统能否被重整，以节省时间、成本和提高质量？

交付系统跟渠道是有区别的，渠道往往指的是销售的过程，而交付系统指的是安装和服务的过程。有一些企业交付完了之后，无法提供后面的服务，怎么办？我认为可以外包，比如国内重工企业想在美国做市场，但售后服务跟不上，这时候可以跟国外的服务商合作，这叫交付系统。

5. 开发新区域

新区域跟新渠道有区别吗？有！区域指的是地理位置，渠道指的是走线上还是线下。区域很简单，就是还能开发哪些区域、地域。德国的隐性冠军企业一般有两个核心支柱，一个叫全球化，一个叫专业化，其中全球化就是扩大区域。但是对于中国的中小民营企业，如果没覆盖完中国就先别着急全球化，覆盖完中国就比整个欧洲人口还多。因为资源和组织能力受限，建议先开发国内新区域，再开发海外区域。当然也有另辟蹊径取得成功的案例，避开竞争日趋激烈的国内市场，先开发海外市场。但我仍然强调中小企业应该是先走全国化再走全球化。

开发新区域有五个方面需要思考：

第一，在现有地域内有没有增设送货点的机会？建议先增加送货点。送货点是什么意思？送货点就是现有区域能不能多设几个点。至于送货点的范围是三公里之内还是一公里之内，开实体店的企业主一般是凭经验确定，当然也可以借助别人的经验，这也是一个好办法。我在温州遇到一个老板，他是投资商铺的。只要肯德基和星巴克、麦当劳周边有商铺，他就把旁边 20 米范围之内的商铺都买了。国内有个知名火锅品牌，自己不选址，海底捞开在哪里，它的店就开在哪里。借助别人的选址方法，共享头部企业的流量，这是第一招。第二招，个人经验无法变成组织能力，如果开的店多了，就很可能看走眼，所以还是要依靠组织能力、专业能力。有一些 APP，可以计算你在一个地方定位，周边有多少写字楼、多少人群、消费群体、人均消费额，这些数据全都有了，当然这也需要对商业资源和大数据进行高度整合。

第二，在现有全国业务的区域内有没有进入服务薄弱地区的机会？什么叫服务薄弱地区？就是竞争对手已经覆盖了，但是水平比较低。第一个增加送货点是指没有人覆盖，这两个描述和路径是不一样的。

第三，能否通过出口减少生产成本和提高质量优势？

第四，面向全球能否驱动规模经济？湖南一家创业板上市公司很好地诠释了这一点。十年前，亚马逊电商平台在全球范围内开始崛起，并带动了很多品牌和第三方卖家的兴起和发展。与此同时，国内的电商更是活跃。2010 年，光是淘宝品牌就已达到 80 多家，大部分淘宝品牌年增长都超过了 300%。这让曾在 Google 总部担任过软件工程师的阳萌产生了创业想法。2011 年，阳萌正式创业，在美国注册了 Anker 品牌，并回到国内成立海翼电商——安克创新前身。

从诞生伊始，安克创新就与亚马逊深度绑定。与大多数贸易商一样，阳萌起初是想利用国内的供应链优势做代工，在亚马逊上找到快速增长的品类，然后利用国内的成本优势，冠以 Anker 的品牌在亚马逊上销售。彼时，恰逢智能手机进入转型时代，阳萌选取笔记本电脑和手机的替代电池这一品类为切入点，随后，又顺理成章进入了手机配件领域。Anker 品牌建设初期的主要任务就是在全球扩大声量，在 Google、亚马逊等平台上做广告，再将流量引进到商品页面，完成转化率。通过贴牌销售，安克创新的月销售额很快就突破了 100 万美元。不过阳萌并不满足于永远做一家"代工型"公司。2013 年左右，安克创新逐步在产品中加入自主研发元素，并进入音频、智能家居赛道。这一战略在2016 年得到进一步明确，无线耳机、智能音箱等新品类被加入进来。安克创新还采取多品牌思路，逐步形成了以 Anker 为核心的充电类品牌，以 Eufy 和 Nebula 为主的智能创新类品牌，以及以 Soundcore 为代表的中高端音频类品牌矩阵。

2020 年 8 月，安克创新在深交所创业板挂牌上市。这一年，安克创新的营收达到 93.53 亿元，是国内营收规模最大的消费电子品牌企业之一。而根据招股书，安克创新的全球用户数量已经超过 8 000 万，97% 以上的营收均由海外市场贡献，主要来自北美、欧洲、中东这些成熟且消费力强劲的市场。根据中泰证券预计，智利、越南等新兴市场也将是安克创新的下一个增长点。目前，它已是亚马逊电商平台上最大的第三方卖家之一，旗下多款产品位列亚马逊的畅销榜单。

第五，我们的商业模式可以在哪个新市场推广？假如说原来在东莞，是不是可以复制到深圳，是不是一定要自己投资开店，还是可以加盟。

6. 开发新价值链组合

什么叫新价值链？就是在一个产业链中找到新的增长点。利润池这个工具值得想进入行业新价值链的企业和创业者学习。

如图4-5所示，这是美国1996年的汽车行业利润库，发明者是贝恩公司。

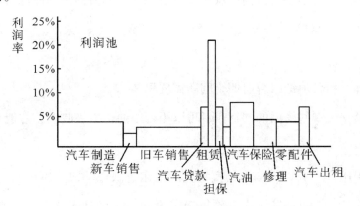

图4-5 美国汽车行业利润库（1996年）

利润池要怎么用？

第一，如果你的资金使用成本比较低（我们一般讲企业有没有钱，不是讲企业有多少现金，而是指企业的资金使用成本），可以进入利润规模比较小，但投资金额比较大，竞争壁垒比较高的行业。例如，如果你能融到钱，也可以做个电动汽车品牌。这时候我们主要考虑的是从投资金额看，这个领域能不能进。

第二，如果你的资金使用成本比较高，也就是融资成本比较高，建议可以考虑投资利润率高、轻资产的。一个产业链中间每个业务环节都有它自身的优缺点。

第三，洞察产业流向。汽车产业的未来利润流向是新能源汽车出口吗？还是油车的二手车出口、汽车后市场、汽车改装、汽车数据产品……

开发新价值链组合有四个问题需要思考：

第一，哪些受困的同行业者可以用合适的价格被收购，并能对此扭亏增盈？

2018 年 7 月，海信电器宣布完成对东芝映像解决方案公司（TVS）95% 股权的收购，最终交割价格确定为 59.85 亿日元（约人民币 3.55 亿元），前者将享有东芝电视品牌、产品、运营服务等一系列业务，并获得东芝电视全球 40 年品牌授权。TVS 公司当时的经营状况并不理想，已连续亏损 8 年。2019 年，TVS 实现营业收入 37.28 亿元，同比增长

39.65%，实现净利润 2 709 万元，扭亏为盈，较上年同期盈利提升
2.03 亿元。同时，2019 年，海信及东芝品牌在日本市场的销量占有率
由 1 月的 21.8% 提升至 12 月的 26%；在第四季度，海信及东芝品牌在
日本市场的销量跃居到第一位，创造中国品牌在日本市场的最佳表现。

第二，产业中哪一部分可以通过收购来加以整合？这样做能否形成
规模经济或者其他优势？

2016 年 9 月，美团网对外宣布完成对第三方支付公司钱袋宝的全
资收购，拿到了第三方支付牌照。这就是典型的通过收购，取长补短的
成功实践。

第三，要不要进行彻底收购，什么资产或者分支业务可以购买？

我们看看海尔收购日本三洋白家电业务的经典案例。

2011 年，海尔宣布全资收购日本三洋电机在日本、印度尼西亚、
马来西亚、菲律宾和越南的洗衣机、冰箱等家电业务，包括产品研发、
制造，以及被收购公司家电的销售和服务业务。三洋是一家迷失方向的
公司，需要有人为它点亮一盏导航灯，带来希望。2008 年 11 月，这位
向导来了，不是海尔，而是三洋的同乡松下。与三洋相比，松下在成本
控制方面更有效率，这是松下的成功，也是三洋的困惑。2008 年 11 月
7 日，日本松下电器和三洋电机发表声明称，松下已获得三洋同意收购
后者控股权，交易金额近 100 亿美元。当时有人预测日本大型电器制造
商之间的合并案时说："松下成功收购三洋，将打造日本最强大的电器

制造商。"然而，事情的发展并不总是如人所愿。三洋被合并，大规模裁员。相比三洋的家电制造，松下更看重三洋的另一大业务。三洋是当时世界上最大的锂电池制造商，松下排名第四。为了让在全球范围内不断扩张的电池业务获得主导地位，松下借 2008 年全球金融危机的东风，带着吃掉电池业务的意图吞并了三洋的家电。三洋白色家电意味着规模和市场，也意味着巨大的亏损风险（仅 2008 年第三季度，三洋白色家电业务利润就下降了三分之二）。这时海尔出现了，与松下一拍即合。海尔的目标是成为全球白色家电行业的领导者，看重的是三洋的海外制造能力和渠道资源，收购三洋标志着海尔将形成两大研发中心的本土化营销格局，给海尔开拓海外市场带来积极作用，是海尔整体发展战略的重要一步。对于松下来说，甩掉了三洋白色家电的亏损包袱，又实现了扩张电池业务领域主导地位的目的，可谓双赢。

第四，有没有垂直兼并创造竞争优势的机会？

垂直收购也被称为"纵向收购"，即是指生产过程或经营环节紧密相关的公司之间的收购行为。收购双方往往是原材料供应者或产成品购买者，彼此比较熟悉，有利于收购后的相互融合。垂直收购的好处是：一方面可以使供应方稳定销售渠道；另一方面使购买方稳定材料、半成品或者产品的来源，从而节约交易费用，提高企业的生产效率。

2022 年 10 月，国内某医药集团成功收购了某药业公司 95.73% 的股权。背景就是该医药集团在创新药物研发中，有较大的原料药和中间体产能需求，作为被收购方的医药公司完全可以满足这些需求，收购达成后，对于该医药集团延伸产业链条，推动医药产业升级，保持和加强长期市场竞争优势具有重要战略意义。

7. 开发新业务

开发新业务有四个方面需要思考：

第一，核心技能可否用于其他产业？这个叫核心技能的同心多元化（该问题解答请详见下文"同心多元化"）。

第二，有没有独树一帜的资产可以用来创办新业务？

通常我们讲核心竞争力有九个要素：①生产商品；②建设渠道；③成本优势；④技术领先；⑤品牌；⑥客户关系；⑦占有领导地位；⑧控制价值链；⑨专利。

假如说我可以生产产品，其他企业也能生产产品，那么生产只是基本的竞争力。如果渠道多，就比生产产品的竞争力好一点，比如周黑鸭。如果成本控制很厉害，比别人的成本便宜10%~20%，这时候核心竞争力又增加了一点。技术领先，比如英特尔，它的核心竞争力很强。品牌有很强的影响力，比如苹果手机、华为等。客户关系很好，比如，哈雷摩托的客户关系做得非常好，国内小米的粉丝经济也做得非常好。占有领导地位，就是成为第一名，然后控制价值链，阿里巴巴显然就做得比较到位。最后一个是专利，比如，华为拥有的 5G 相关专利数量世界第一。

第三，可以用哪些关系进入新行业？这里的"关系"既包括人脉资源，也包括能够为企业链接新行业信息、资本、资源的第三方专业机构或可以直接合作的伙伴。不论是哪一类关系，都需要帮助新进入者把控、降低进入新行业的风险。

第四，有没有别的产业正在覆盖甚至颠覆我们的业务？在此过程中很容易有不同的声音出现，开拓新业务一定要具有开放性的思维，要认识到自己的无知，要善于聆听不同的"异见"，一定要跨行业多借鉴别的行业经验，不要在自己的行业"内卷"。

8. 同心多元化路径

我们先看同心多元化路径图，如图 4-6 所示，同心多元化路径基本逻辑是：有什么核心技术→核心技术可用于哪些原材料→这些原材料可用于哪些零部件→这些零部件可用于哪些产品/服务→一般企业用户是怎么用的→一般终端用户是怎么用的。

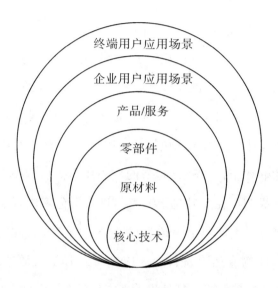

图 4-6 同心多元化路径

做同心多元化的风险往往比混合多元化要低，其是把某一项核心技能放大，由内往外看，大概可用于哪些领域。比如，有一家主营涂料业务的企业，产品主要用于 3C 电子产品，如手机、电脑的器材、原件、外壳涂料等。客户主要是华为、联想、小米、vivo、OPPO 等。行业竞争激烈，其核心技术并不突出。了解到客户除了使用涂料还希望用油墨。但该企业没有油墨材料相关技术，且又计划 5 年之内冲科创板。该企业向我咨询怎么办？我建议，能研发就研发，能模仿就模仿，实在不行就买。后来，该企业从外企引进了一位行业专家，快速解决了新材料研发和应用问题，产品供应华为、小米等企业，销售额翻番，顺利上市。该企业在扩张过程中，始终围绕涂料和油墨核心技术，并不断拓展产品使用场景，比如塑料产品零部件、金属元器件；家具、家电、汽车、工程机械行业等。这样就找到了更多待开发的市场。

作为中国家电制造业的龙头企业，海尔在数十年的发展过程中坚持同心多元化策略（见图4-7），一步步成为世界级企业。1992年海尔进入冰柜和空调行业，实施多元化经营；1995年大规模进入洗衣机行业，海尔把原来的电冰箱行业建立起来的核心能力扩展到整个制冷家电行业，并有较大提高。在此基础上，海尔进入白色家电行业；1997年进军黑色家电行业，生产彩电、传真机、电话等产品，同时进入整体厨房、整体卫生间等家居设备行业；1998年，海尔大举进入知识产业，主要从事海尔集团所需要的新技术、新产品开发。可见，海尔进入新行业的节奏是稳健的，基本上是量力而行、步步为营，其核心能力是海尔不断提升的企业管理、品牌及销售服务能力。

国内还有一家老牌制造业企业——宗申集团下属的宗申动力，作为国内摩托车发动机龙头企业，居然造出了航空活塞发动机。这既是企业产业转型的缩影，也是同心多元化的典范。

宗申动力最早从摩托车发动机起家，后因受国内禁摩政策影响，公司主动进行业务调整，已从早期摩托车发动机主业发展到目前的摩托车发动机和通用动力机械双主业。该公司的通机产品（通用动力机械产品）主要包括：通用汽油发动机、发电设备、清洗设备、户外园林设备和农林机械设备等（见图4-8）。

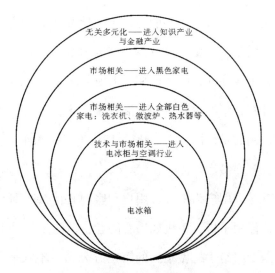

图 4-7   海尔同心多元化发历程

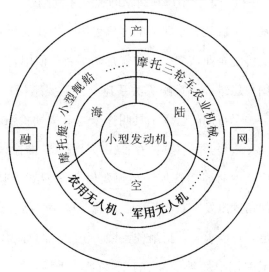

图 4-8   宗申动力同心多元化示意

同心多元化就是围绕着核心能力，包括核心技术、核心产品、核心材料往外扩张。混合多元化则不以核心技术为基础，而是以市场机会为导向，以投资为手段往外扩张。比如，上海复星集团，地产、医药、文旅、金融产业都有；华润也是典型的混合多元化企业。

需要特别强调的是，同心多元化关注用户，互联网企业的用户思维对企业良性增长有很多启发。

第一个，一切以用户为中心。用户和客户有什么区别？客户不一定是用户。比如，你用手机，手机如果有问题，请问是找手机商家解决问题吗？不是，是专门给手机做维护的第三方公司。不管是小米、vivo 还是 OPPO，从买手机开始，用户和商家的关系才刚刚建立。

以前的诺基亚手机就属于典型的客户思维，现在的智能手机普遍采用了用户思维。传统企业认为，客户就是购买者，使用者才叫用户。互联网企业强调用户思维，一旦购买关系建立，就要赚用户一辈子的钱。以用户为中心有一个常用的管理工具叫作全生命周期价值管理，包括 5 个步骤：① 获客；② 激活；③ 留存；④ 变现；⑤ 推荐。

要实现用户全生命周期管理，必须要做"沉浸式"调研，其核心是从用户需求的角度出发，获取第一手信息，确保产品、经营、服务等能最大程度满足客户需求，获得最佳反馈。沉浸式调研就是要了解用户的爽痛点，要了解用户场景，包括工作场景、生活场景（见图 4-9）。前文所讲述的小米的产品设计理念就是典型的深度了解用户场景。

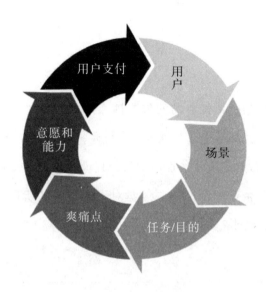

图 4-9   "沉浸式"调研流程

　　互联网公司在了解完用户需求之后一般还不会大面积推广，他们要做 MVP。

　　MVP 也叫最小可行产品，即只具备了基本功能的产品。如果做了两个方案拿不准怎么办？那就做 AB 测试。AB 测试完效果不好怎么办？一般可能就会砍掉不干了。互联网公司有一个说法，叫试错的成本远远小于错过的成本。这就是互联网企业讲的几个"快"：快速构建原型、快速迭代、利用资本和互联网快速扩张。

　　互联网企业的核心思维本质并没有发生变化，一切以用户为中心是关键，沉浸式调研是关键，快速构建产品、快速迭代、快速推广也是关键。

小结

无论怎样强调产品和市场的重要性，再三呼吁"以用户为中心"，对于中小企业而言都不为过。纵观各个行业，近年来纷纷提出要"回归经营本质"。经营的本质就是良性增长，良性增长最重要的抓手就是产品和市场。希望企业家都能认真复盘对于这二者的所思所想、所作所为，是否真正做到了？

应用思考

1. 你的企业是否面临产品和市场拓展的瓶颈问题？你是如何解决的？

2. 你是否愿意尝试使用安索夫矩阵来解决企业所面临的问题？为什么？

CHAPTER **5**

企业良性增长落地执行系统

本章导读：

一切战略选择、路径规划的目的都是为了落地执行，达成预期。我所带领的普智管理咨询公司（简称普智）在多年发展中总结提炼的"企业良性增长落地执行系统"，正是对于中小企业战略落地实施的有效工具，经过时间验证，收到了良好效果。

本章将结合实战案例，从战略目标制定、战略目标分解、北极星目标设定、增长模型与可行性行为设计、复盘精进等方面循序渐进，逐一详解。

◀ CEO ▶

一、企业良性增长落地执行系统简介

企业良性增长落地执行系统（见图 5-1，后文简称良性增长系统），是普智做企业管理咨询项目时使用的核心工具之一，是帮助企业从战略选择到路径规划再到落地执行的系统工作方法。

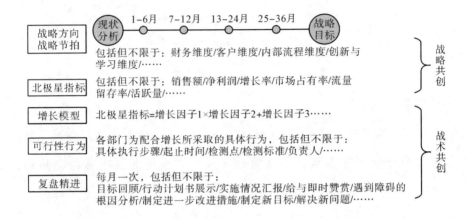

图 5-1　普智管理咨询良性增长落地执行系统

　　因为有科学的逻辑和笃定的信心，所以普智在帮企业做咨询时敢跟客户签对赌协议，并且收到了很好的效果。

1. 战略目标

　　咨询项目开始实施时，依据良性增长系统，我们会先从战略方向入手。战略方向就是企业最终想发展成什么样子？我在前文说过"中小企业战略要往前看 10 年、规划 3 年、做 1 年"，所以战略目标的时间维度按照 36 个月设计，中间的节点/节拍建议按半年来设定。

2. 战略目标分解

战略目标的分解可借鉴平衡积分卡维度。实践证明，客户维度、财务维度、内部流程维度和学习维度这四个维度可以帮助企业家更全面地考虑。随着时代发展，我们认为应该增加一个 IT 信息系统维度。

3. 北极星指标

北极星指标也叫唯一关键指标（OMTM，one metric that matters），是产品甚至企业发展现阶段最关键的指标。之所以叫北极星指标，是因为这个指标一旦确立，就像北极星一样，高高闪耀在天空中，指引着全公司上上下下，向着同一个方向迈进。

4. 增长因子与增长模型

北极星指标需要分解到影响指标的要素，即"增长因子"。根据增长因子对指标的不同影响力和要素之间的关系，构建有加有乘的等式，即"增长模型"。

加号表示因子之间是并列关系，但没有必然联系；乘号表示因子之间互为杠杆关系，可以相互撬动。为方便理解，以某咨询师的收入为例做说明：

　　某咨询师的收入构成主要包括四个方面：一是讲课，二是咨询，三是顾问，四是投资。如果说去年他的讲课收入是 500 万元，今年把"讲课收入提升 30%"作为北极星指标，该如何分析呢？

　　去年收入 500 万元，今年计划增加 30%，那么应该达到 650 万元才能实现目标。接下来分析影响讲课收入的因子有哪些。一般来说主要有客单价（国内一般按照单天课酬价格计算）、讲课天数等，于是得到如下等式：

讲课收入＝单天价格×讲课天数

　　可见，如果讲课单天价格不变，天数增加 30%，就能实现收入增加30%。但是，因为工作繁忙，常年奔波，导致该咨询师各项健康指标明显下降，身体状况不允许他通过增加天数来实现目标。怎么办？只有增加单天价格。那可以从哪些方面突破呢？

　　①先找到愿意并且有支付能力的客户，也就是客户群体要变。以前以服务国企为主，但是最近几年国企培训费用严控并且价格很低，很难突破。那么客户群体就可以调整到有需求、有决策权、有支付能力的民营企业家群体。

　　②客户群体变了，必须关注新客户群体的需求。比如以前给国企上课，主要讲系统思考，目的是提升中层及下属的系统思考能力。民营企

业家则更关注企业怎么发展、如何应对当前市场环境、怎么解决当前难题。需求大不一样。

③**客户群体变了，获客渠道要变**。如果说以前国企客户主要通过合作培训机构获客的话，那民营企业家客户要如何获取？关注商学院、商会、行业协会是重点。

④**咨询师品牌要同步加强**。我以亲身体会，与读者分享个人品牌提升路径。

第一，加强个人 IP 效应：选择与行业领军机构合作。比如，我和国内创办史最长、发行量最大、影响力最广的企业管理专业月刊之一《中外管理杂志》深度合作，担任其私董会项目教练、专精特新"中国隐形冠军"企业评委、论坛主持等，这些信息都会在杂志上推广传播，数量虽然不大，但客户精准，深得行业认可。

第二，持续输出成功案例：实战、实效是企业家对咨询服务的最大诉求，持续迭代咨询项目案例库、产品手册，对于积累团队经验和增加客户信任都非常有效。

第三，出版专业图书：咨询师不仅要精心做项目，更要不断创新、思考，形成相对独立的认知和解决问题的方法论、工具等体系，若能将其出版成书，则能产生更广的传播效应。正如此刻你手中的这本书，就是我精心打磨多年的成果，其中内容既有理论系统支持，又能落地执行。

第四，成为智库专家：因为我具备一定的专业能力，有不少国家部委、地方政府、产业园区邀请我做专家，我都非常珍惜。一是通过实实在在输出价值，能得到认可和信任；二是专家身份也促使我不断努力，持续精进，同时也为我做了信任背书。

第五，担任论坛嘉宾：作为嘉宾参加有专业度、影响力的论坛，并上台发言，也能扩大个人影响力。

第六，在国际期刊发声：在《哈佛商业评论》等国内外知名期刊上发表文章。

分析到这里，收入增长30%的北极星指标与增长模型、增长因子以及可行性行为就出来了，该培训师就可以依据可行性行为来制定相应行动计划，如图5-2所示。

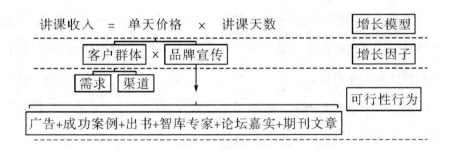

图5-2　咨询师收入增长模型及增长因子分解图

5. 复盘精进

在落实增长因子的过程中，需要不断复盘，不断解决中间遇到的问题，并对计划进行迭代。对公司来说，不复盘就是对公司经营与管理的不负责任。

二、企业良性增长落地执行系统落地工具

普智咨询良性增长落地执行系统看起来简单，它真的能带来业绩增长吗？具体该怎么落地呢？

1. 战略目标分解

我们还是从实战案例入手。

垂青科技创立于 2009 年，公司自主研发并属国内首创系列的液态复合肥产品，能够完全取代传统复合肥产品。垂青科技的销售体系为传统的二级渠道销售体系，每个县发展为一级代理商，下辖二级商网络（村镇级），通过二级网络触达终端种植户。经过十多年的发展，公司销量趋于稳定，增长乏力。2021 年，复合肥行业包含头部企业在内普

遍下跌超过30%，同时原材料暴涨，普智团队临危受命，利用良性增长系统与垂青科技全体同仁一起破局重生，迎来逆势增长。具体怎么做的呢？我们先看第一步战略目标分解。

战略目标分解工具主要是用来梳理公司年度规划，一般一年一次就够了。可以按照财务指标、客户指标、内部流程和学习成长指标，逐项规划出来，如表5-1所示。

表5-1　战略目标分解表

总体战略目标	战略目标分解		
	维度	时间	
		第一年	第二年	第三年
	财务			
	客户			
	内部流程			
	学习成长			

我们看垂青科技当时的战略分解，如表5-2所示。

战略目标定下来以后，按照3年进行规划，而且每一年根据对公司业务的预估，按照不同的节点进行推进，直至实现最终战略目标。

2021年在区域上聚焦广西，辐射周边省份，2022年逐渐开拓，成立四川分公司，2023年成立海南分公司。业务区域覆盖与成立区域分公司是不同级别的市场运作行为。另外"功能型叶面肥"2021年就研发出来了，但是一直没有被当作主打产品，甚至没有主动推广，因为这个时候需要集中力量打歼灭战，优先保证"旺财好"能够打开更大的市场并站稳脚跟，这样后续"功能型叶面肥"的推进就事半功倍。

表 5-2　战略目标分解案例

总体战略目标	战略目标分解			
	时间维度	2021 年	2022 年	2023 年
"旺财好" 2024 年销量 8 万吨实现销售收入 3 亿元	财务	"旺财好"销量：1.2 万吨	"旺财好"销量：2.5 万吨	"旺财好"销量 6.0 万吨 "功能型叶面肥"销量 5 万件
	客户	区域：广西+海南、四川、湖南客户：聚焦一级经销商	区域：广西、海南、四川+云南、江西、贵州 分公司拓展：四川分公司 筹备客户：一般经销商	区域：海南分公司 筹备客户：种植大户业务突破
	内部流程	1. 一级商：认可+团队 1 人以上外勤+资金≥50 万以上 2. 示范基地：因地制宜，宣传开发有影响力的园主 3. 制订多种作物的全程施肥方案 4. 辅导代理商的业务员跟踪效果和做宣传，对零售商进行教育 5. 用户体验跟进	1. 经销商协同优化 2. 内部业务流程优化	1. 引入 CRM 系统以及 ERP 系统，为数字化经营打基础 2. 探索肥药机一体化
	学习成长	1. 如何开发二级商的能力训练 2. 内外市场一线人员需要植物营养、农药基础、土壤方面培训 3. 示范地建设的基本流程和要点 4. 探索直接卖货流程	1. 后备人才培养 2. 高管管理经营能力提升	1. 全员管理能力升级 2. 区域经营能力提升

可以看到，2023 年要逐步开始内部数字化管理和肥药机一体化业务。这其实属于探索性的业务，是 2021 年进行的市场增长的探索，2022 年打开和稳住了市场，并开始进行流程升级，为 2023 年的探索性业务打基础。

学习成长是渐进式的，刚接手还是关注业务逻辑和业务动作的探索，等业务摸清楚后再提升管理和经营能力，也就是普智一直强调的"用业绩增长带动组织能力建设。"

战略目标分解建议做三年规划，细化第一年指标。并且要一年做一次，滚动做，这样才能保证战略始终清晰而且动态准确。垂青科技这一案例是比较经典的，在后面的章节中会对其进行详细剖析。

2. 北极星指标的选择方法

如何选择"北极星指标"可能会让很多读者感到困惑，因为影响企业发展的因素很多，好像都很重要，那怎么办呢？可以回答以下几个问题来选择北极星指标：

①这个指标可以让你知道你的用户体验到了产品的核心价值吗？

②这个指标能够反映用户的活跃程度吗？

③如果这个指标变好了，是不是能说明整个公司是在向好的方向发展？

④这个指标是不是很容易被整个团队理解和交流呢？

⑤这个指标是一个引领指标，还是一个滞后指标？

⑥这个指标是不是一个可操作的指标？

第①个问题中的"核心价值"在乎的不是产品的设计价值，而是用户的感知价值。那什么是价值？我的定义是：**价值就是用户愿意为之溢价付费的产品和服务**，这里强调用户意愿。比如，农夫山泉推出的武夷山泡茶水，把农户山泉的品牌缩得极小，把泡茶水三个字做得很大，如图 5-3 所示。

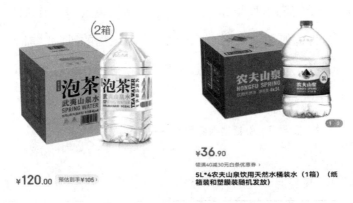

图 5-3　农夫山泉泡茶水与矿泉水产品、价格对比

这里又涉及到品牌的问题。宕开一笔：企业有产品品牌、企业品牌和生态品牌，如果做新品类，要突出产品品牌；老品类大家都已经熟悉了，就可以突出企业品牌，如果企业做得很大，像小米、海尔、华为，就主要突出生态品牌。

如果对饮用水市场稍加了解会有一个基本感知，怡宝基本上做中低端市场，农夫山泉和雀巢有机会冲中高端市场，高端有依云等。饮用水中低端市场同质化严重，属于无价值的低价格竞争，导致的恶果就是做得越来越累，赚得越来越少，规模做得越大，利润率越来越低。和普通的饮用水对比测算，泡茶水每升 3.75 元；普通水每升 1.85 元，泡茶水平均溢价 103%，这就叫价值！并不只是换了个好名字和包装，客户就愿意为之溢价付费，这里面有很深的商业逻辑。

　　第⑤个"这是一个引领性指标，还是滞后性指标？"中，什么是引领性指标？什么是滞后性指标？通过一个生活案例说明：有位朋友体重 188 斤，医生告诉他必须减肥，否则就有患糖尿病的风险，加上他的家族也有糖尿病史，必须把减肥提上日程。下面是他在教练指导下做的一个居家减肥计划表（见表 5-3）。

表 5-3　引领性指标示例——居家减肥计划表

减重目标：10 公斤

期限：2021 年 7 月 13 日—2021 年 9 月 30 日

饮食原则	每日运动计划
1. 二餐准时准点，二餐分配比 3：4：3 2. 适当加餐，早餐就要补充维生素，运动前后要补充优质蛋白质 3. 晚餐最好在 7 点前进食 4. 少油少盐，不吃甜食和高热量的食物；多吃蔬菜水果 5. 一日八杯水（250 毫升/杯），早晚各 2 杯，睡前 2 小时不进餐 6. 戒烟戒酒，每天 23：00 前入睡。	1. 慢跑 20 分钟 2. 开合跳 8 分钟 3. 高抬腿 2 分钟 4. 深蹲 100 个 5. 俯卧撑 100 个

当时教练要求他：可以不用每天称重，但是每天必须按照要求饮食，一日三餐拍照审核，要每天打卡记录运动动作。刚开始不能按时完成，不作强行要求，但是每一个动作必须到位，数量到位。后面他就发现，教练这是在做什么——过程管理啊。因为他发现，如果每天盯着要减肥 10 公斤，只有到了 9 月 30 号那天才能知道有没有完成。但是如果每天盯着过程指标，并且每天都完成，就有很大可能完成最终目标。这个计划是具有一定专业度的。

滞后性指标就是结果性指标，往往是以经济数据作为衡量指标。比如说销售额一个月完成 1 000 万，这就是一个经济数据，但是只有到了月底才能查出来，它是滞后性的。引领性指标主要强调过程、可行性行为。很多企业领导喜欢抓滞后性指标，以结果为导向。但是中小企业不仅要关注滞后性指标，更要关注引领性指标，因为中小企业的组织能力、员工的自驱性不强，能力还不全面的时候，更要做过程管理。

当然，不同行业、不同商业模式的公司，根据当期发展需求，北极星指标各不相同。如表 5-4 所示，亚马逊电商的北极星指标是总销售额，爱彼迎的北极星指标是预定天数。

表 5-4　不同企业北极星指标

产品种类	商业模式	核心价值	北极星指标
Sound Cloud	社区	连锁艺术家和收听者的音乐分享社区	总收听时间

表5-4(续)

产品种类	商业模式	核心价值	北极星指标
Stack	和 SaaS	以群组聊天切入的信息聚合平台	总消息数
Box	SaaB	云存储	文件操作数
Airbnb	双边市场	连接租房者和房东	预定天数
Amazon	电商	便捷的网上购物	总销售额
Quora	社区	知识传播	问题回答数

　　阿里巴巴做了三个北极星指标叫 TFP，T 是指最近一次购物时间，F 指购物频次，P 是在所有的平台购物的百分比。这个百分比显示一个用户在京东买多少，在淘宝系平台买多少。比如在淘宝上一个月买了 1 万元，但是在京东花了 8 万元，那就证明淘宝还有空间可以挖掘。所以**北极星指标随着企业发展阶段动态调整，其不是一成不变的。**

3. 增长模型的构建

　　互联网平台类企业常用总活跃客户作为北极星指标，包括 Google 公司。将新增活跃用户和已有的活跃用户进行分解，新增活跃用户等于访客流量乘以新用户的激活率（见图 5-4）。什么叫激活呢？第一次点赞、转发、评论之类的交互行为，这些就是激活的指标。然后是已有用户的总数、老客户的留存率等。如果访问客户量多，点击的人数就多，用户的激活率可能就越多，这些数据是相互支撑的。

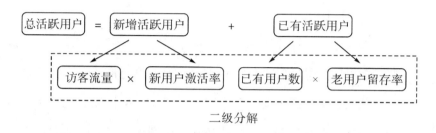

二级分解

图 5-4 互联网平台增长模型

如图 5-5 所示，我们继续看垂青科技的北极星指标和增长模型。

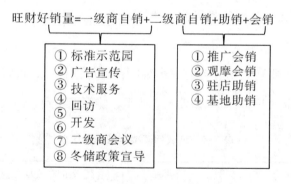

图 5-5 垂青北极星指标及增长模型示例

　　垂青科技 2021 年的北极星指标很清晰，就是主打产品"旺财好"的销量。现在要对北极星指标进行分解。"旺财好"的销量等于一级经销商的门店自销+二级经销商的门店自销+厂家协助销售+会议销售，也就是被动销售（来自于销售网络的自然销售）和主动销售（通过驻店和会议销售）。我们再把影响被动销售和能够主动做的销售动作进行分解，一共得到 11 个因子。

新的问题又来了，11 个因子中哪个因子最重要？哪个对业绩撬动最大？有些可能可以通过经验来判断和排序，但是没有谁能保证哪个是关键因子。因此只有选择最重要的几个因子做测试，根据测试结果来判断它对北极星指标的影响有多大。这就必须要用到接下来这个非常重要的工具了。

4. 增长因子的可行性行为设计与验证

增长因子要素数据分解有三个维度：可行性行为、过程数据和绩效成果数据（北极星指标）。如表 5-5 所示，能不能找到它们之间的关联？

表 5-5　增长因子要素数据分解表

可行性行为	过程数据	绩效成果数据/北极星指标

大家平时可能只在乎绩效成果数据，可能有读者受本书的影响开始关注可行性行为，但是如果没有过程数据，也会出问题，并且可行性行为能不能支撑北极星指标，需要验证。

我们当时对垂青科技的可行性行为进行排序并测试运行 2~3 个月之后，已经确认会销，而且是村会（就是跑到农村农户身边田间地头开会）可能是最重要的关键因子，而这个关键因子最直接的效果是什么？就是单次会议销售总额。这个指标最开始达成率是 0，后来达到 2.49 吨/场，再后面达到 4.3 吨/场。一场会下来已经可以卖 4 吨产品了，我们发现这其实只是一个结果数据，那过程数据又从哪些维度来监控呢，于是我们设计了以下几个指标来监控会议过程：

第一个指标是单场来参加会议的人数。这个过程数据我们要求必须统计，因为没有这个数据就无法分析它和效果之间有没有关联。最开始他们公司那些老人都不愿意，说收集不到数据，因为经销商怕客户资源被抢，不愿意给客户资料。后面我们找到一个刚进公司两个月的新人，让他设计了一个会议签到表，客户一来就要签到，再设计一个抽奖环节，这样就有了客户数据。因此我常说：**目标不能换，可以换路径，路径不行再换人。**

第二个指标是人均购买量，这个很好理解。我就不展开赘述。

第三个是新客户占比。这是一个非常重要的指标。因为之前他们不开村会，而是开县级、镇级客户会议。我们到了县上，一统计资料发现 80% 都是老客户。老客户还用开会吗？老客户知道你开会要搞促销都来占便宜了，而开会是有成本的，如果开会不能获取更多客户，促销政策全部给了老客户，那就意义不大了。所以我要求必须抓新客户占比。

以上就是我们强调的要有过程数据，没有过程数据，我们找不到可行性行为和北极星指标之间的关联。

　　所以这个过程指标主要是寻找可行性行为是怎么影响绩效成果数据（北极星指标）的，最终我们要看可行性行为跟业绩之间的关联度。如果做数理分析，我们甚至可以分析它的关联度是到底是 0.7 还是 0.6，还是其他数值，这叫回归分析。问题是很多企业连趋势图都不做，不画正态分布图，这就找不到销售人员行为跟业绩之间的关联，所以过程管理一定要做好，这也是精细化管理的重要一环。

　　如果村会开好了，每场能够卖 4 吨了，就满意了吗？当然不！我们还要追求复购率。所以我们又有一个新指标，叫客户全年销售额，就是客户全年在垂青科技购买的总额确定了这个指标，那通过哪些动作可以增加复购率进而实现全年销售额提升？这就不能仅靠村会，还要解决客户回访的问题。比如回访的频次是多少、回访的内容是什么？这些指标列清楚，就可以寻找到回访跟复购到底是怎么关联的。于是我们得到了表 5-6。

表 5-6　增长因子要素数据分解案例

可行性行为	过程数据	绩效成果数据/北极星指标
村会	参会人数 单次会议人均购买量 新客户占比	单次会议销量
回访	回访频次/回访内容	复购率

　　这个表格是不是很简单？很多企业喜欢搞组织经验萃取，找那些业绩优秀的员工做经验萃取，然后复制到业绩不好的员工身上。这其实有一个问题，当前优秀员工的方法一定适合未来吗？带着这个思考我们再次回到垂青科技的销冠身上。

　　当时垂青的销售冠军销量直线下降，对于我们新调整的业务逻辑一开始非常抵触，我和他聊了 40 分钟电话之后，他开始愿意尝试。到2022 年 4 月，项目做为期一年阶段性汇报的时候，他第一个上台发言，激动得快要哭了。他发现以前的方法并不适合现在更不用说未来，幸好调整得快，现在销量也上来了，跟渠道的关系也更好更稳固了。他以前的做法就是先开发一级经销商，开发完了就向一级经销商压货。现在还有很多厂家还在使用这种方法。这里就有一个问题，压到经销商的货如果没及时消化，下一次他就不进货了，导致现在的厂家都在做下沉服务。厂家下沉到终端用户那边，但是下沉服务的哪些行为跟过程数据和结果有关？如果把前面的知识点关联起来，就会发现，**绩效成果数据就是滞后性指标，可行性行为就是引领性指标**。所以做项目一定要搞清楚到底要做什么事情，每一个环节的具体行为有几个点，然后看最终结果，分析它们之间的关联度。良性增长需要逻辑也需要运算，绝不能拍脑袋。

5. 复盘精进

复盘的流程（见图 5-6）大家应该都知道，也经常做，就不做赘述了。当我们设立北极星指标并运行到复盘的时候，一般就是两种结果：要么目标未达成，要么目标达成了。那具体怎么分析呢？

图 5-6　复盘流程图

（1）目标未达成

一般来说目标未达成的原因有哪些？第一个是可行性行为跟后面业绩没有关联或者关联度不强，需要重新设计路径。第二个是行为本身做得不好，不够。

垂青科技通过开一场村会就想实现业绩提升，这可能吗？通过观察，我们发现他们不是不会开会，就是可行性行为做得不好。我亲自去参加过在田间地头的一次村会，当时是夏天，在一位农户家的空地上，墙上一盏大灯直射着下面的种植户。销售人员在上面讲了40多分钟，听众都看不到他的脸，演讲逻辑混乱，PPT页面杂乱，没有同行数据对比……总之是一言难尽。

后来，我们就从教销售人员怎么设计PPT，怎么设计开会流程开始培训，比如，会前邀约、会前准备、游戏、会中演讲与表达、会后抽奖、逼单等全部流程设计出来，再覆盖全体销售人员进行全员培训，达到80分才能下市场。这样运行几个月之后，效果非常好。2021年在全行业营收平均下滑30%的情况下，垂青科技整体平稳，部分区域甚至实现逆势增长达3倍。同时，通过内部管控，成本降低了10%，这已经是非常难得的业绩了。所以有些时候，可行性行为没有效果，是做得不好。只开三场会就说没用，那怎么能行？尤其是做行为测试的时候，一定要"短时间、高频次"，马上收集数据，这样才能快速知道哪个有用、哪个没用。

（2）目标达成甚至超额完成

目标已达成，我们也要做复盘，当初的目标是什么？哪些关键行为支撑了目标的达成，然后通过共创改进，如何做得更好，下一步就这样执行落地，从而进入良性循环。

如果超额完成目标呢？比如安徽区域超目标了，河南区域没达到目标，我们只分析河南吗？安徽要不要分析？记住一句话，在管理的过程中不要放过任何异常，异常就是跟标准不太一样的，分为两种：一个叫正向偏差，一个反向偏差，如图5-7所示。

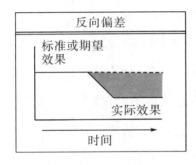 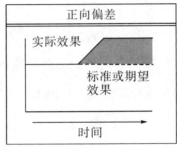

图 5-7　目标异常分析图

在企业管理过程中间，领导往往关注更多的是反向偏差，关注反向偏差如何达到正常。正向偏差不一样，我们需要把正向偏差当成正常标准。换句话说就是提高了目标，让那个新的超出原来期望的水平变成正常水平。

我有一个朋友在成都专门做学校工程的。学校工程除了安全环保之外，最看重的就是施工速度，因为一般只有寒暑假的档期施工，除了保质保量就是要求速度了。朋友的儿子研究生毕业后从美国回来。有一天他带他儿子到我办公室，聊天中发生了如下对话。

儿子："爸，你说我们企业的核心竞争力是什么？"

他爸："我们一个包工头还有什么竞争力？"

他儿子问我："老师，您认为我们公司的核心竞争力是什么？我爸认为没有。"

他爸补了一句，说："我们公司主要是客户关系好！"

我说："要是真没有核心竞争力，你父亲他早就不干了，所有做工程的没有一个说客户关系不好的，你们公司的核心竞争力，就是'快'！"

他儿子一脸震惊地看着我说："那怎么保证所有的项目都快呢？"

我说："怎么保证所有项目都快？就是把异常变成正常，找到那些做得最快的项目，分析它们是怎么做的，把分析出来的关键要素变成公司新的执行标准！"

回去之后他儿子在公司搞了三个月。前几天朋友告诉我他儿子做出来的结果似乎超出他想象的好！所以，企业家不能只关注反向偏差，更要关注正向偏差，然后把正向偏差变成正常标准，企业就能越做越好。

小结

我在从事咨询、培训业 10 多年后，越来越认识到过去普通"讲座式"授课越来越不能满足"成熟市场环境下的企业良性增长"的需求。大多是因为存在"内容与受训企业无关、案例大而笼统、工具不具有针对性、转化应用率不高"等问题，而企业越来越明确、急切地需要具有"行业经验/专业经验、商业知识和科学流程"等综合能力的商业咨询机构和咨询师。

　　基于此，我们不但研发并毫无保留地开放普智知识产权——企业良性增长系统咨询服务工具、U 型共创系统工具等，通过企业家私董会、U 型共创研修、陪伴式企业咨询服务等方式，致力于提高企业家和高管的商业思维，推进战略落地。因为这不仅是企业之所需，更是对我们咨询管理行业人士的责任和使命要求！

应用思考

　　1. 你的企业在战略执行落地中运用了什么方法？效果如何？为什么？

　　2. 你是否愿意在战略执行落地中运用企业良性增长系统工具？为什么？

CHAPTER **6**

普智赋能企业良性增长实战案例

本章导读：

近年来，我们在国内多城市、多行业、多企业躬身入土，实践应用所思所想的商业模型，为企业带来了超预期的效果，这就是对我们"赋能企业良性增长，以商业智慧报国"使命的最大肯定与鼓励。

本章将用普智正在持续服务的两个实战案例详细解读赋能企业良性增长的点点滴滴，值得众多中小企业思考、对标。

◀ CEO ▶

一、案例 A——湖南高岭建设集团战略引领组织之路

在当前变幻莫测的 VUCA[①] 时代下，建筑业作为国民经济的支柱产业和传统行业，它的稳定发展有着重大的意义。国有建筑经济对我国的

———————————

① VUCA 一词起源于 20 世纪 90 年代的美国军方，指的是在冷战结束后出现的多边世界，其特征比以往任何时候都更加复杂以及不确定。vuca 是 volatility——易变性，uncertainty——不确定性，complexity——复杂性，ambiguity——模糊性的缩写。

社会主义建筑事业做出了重大贡献，同时，建筑业又是一个竞争性行业，以国有为主导，公有为主体，多种所有制经济共同发展的格局已经形成。也就是说，从建筑业特点出发，从着眼于建筑业发展出发，在不断增强国有建筑经济控制力的前提下，民营经济的发展，已经成为支撑国民经济增长、增加财政收入、缓解城镇就业压力和分流农村富余劳动力的重要力量和重要来源。

大力发展民营建筑经济是发展社会主义市场经济的客观要求。因此，湖南第一家拥有特级资质的民营建筑企业——湖南高岭建设集团的组织变革实践经验就有着重要的借鉴意义。

1. 企业背景

湖南高岭建设集团有限公司（以下简称"高岭建设集团"）创建于1962年，作为民营建筑强企有着60余年发展历史，见证和伴随了中国建筑行业的发展，是一家房屋建筑工程施工总承包特级资质企业。

高岭建设集团的发展经历了四个阶段：

①成长期（1962—1993年）。1962年，组建高岭泥木修建队；1993年，成为全省首家获得建筑施工一级资质的民营企业。成长期夯实基础，完成了从泥木修建队到一家拥有一级资质民营企业的转变。

②发展期（1994—2004年）。2004年，成为全省首家获得建筑施工

特级资质的民营企业。标志着市场对高岭建设集团的认可，同时也寓意着通过 40 年的发展，高岭具备了迈向更大市场的能力和信心。

③扩张期（2005—2018 年）。2010 年，高岭建设集团被评为"中国建筑 100 强"；2012 年，时任中共中央政治局常委、国务院总理温家宝视察高岭建设集团；2018 年 5 月，高岭建设集团新老领导班子完成交接。扩张期是高岭建设集团突飞猛进的重要时期，记载着高岭人齐心协力创造无数辉煌业绩的高光时刻；是新老传承、继往开来的重要时期，传承的是老一辈领导班子"励精图治，敢为人先"的企业精神，创新的是新一代领导班子与时俱进的发展道路。

④创新期（2018 年至今）。新时代的高岭建设集团开始向管理要效益，向经营要结果。新一届领导班子也提出了重新审视集团发展思路、升级集团发展战略，通过战略引领组织变革，推动集团新时代创新发展、高质量发展的愿望。

2. 企业战略管理四步骤

2019 年高岭建设集团引入了普智管理咨询机构，一同制定集团的中长期战略发展规划。

战略是基于已有的信息对今后发展的预测，通过一系列协调的、有创造性的和持续的规划与行动，应对核心挑战，从而为公司创造更大的价值。从战略的定义中可以看到以下三个观点：

①战略是一种预测。既然是预测就可能会存在偏差，那么企业家自行预测与引入咨询机构一起预测有什么差别呢？普智咨询团队认为，企业家有丰富的行业经验，有敏锐的直觉，咨询机构能够运用商业知识通过数据和工具模型验证企业家的直觉，同时，还有科学的流程来保障战略的执行，从而提高成功的概率。

②战略是一个动态的管控过程。每隔半年就需要重新审视战略，验证之前的预测有没有出现偏差，同时，还需要进行动态的管控。

③战略的目的就是创造价值。战略决定了企业的长期能力建设的主要方向，从而持续创造价值。

企业发展战略是一个复杂的、需要动态管理的系统工程。为了让企业高层能够更容易理解战略，普智咨询团队将战略高度概括为四个步骤：**战略洞察、战略选择、战略规划、战略执行**。

(1) 战略洞察

高岭建设集团的战略洞察是从宏观、中观和微观三个层面来进行分析的。整个战略洞察需要有全局思维，要从不同维度和角度来分析，同时还需要运用大量的权威分析工具，以及国家统计局的相关数据资料，才能呈现出一个全面的、深度的分析报告。

首先，宏观层面是对外部环境进行分析。运用英国学者约翰逊

（Johnson G.）与斯科尔斯（Scholes K.）于 1999 年提出的 PEST 分析模型，从经济环境、政治环境、社会环境和技术环境四个方面进行分析。在当时（2019 年）的外部环境下，还没有出现新冠肺炎感染疫情这支"黑天鹅"，我们根据 PEST 分析模型对建筑行业和建筑企业的影响做了预测，具体的分析结论见表 6-1。如今回过头看，当时的预测基本上符合行业和企业的发展情况。

表 6-1　高岭建设集团战略规划——PEST 分析模型

维度	关键环境描述	对建筑行业影响	对建筑行业影响
P（政治环境）	新型城镇化建设、区域协调发展战略、乡村振兴战略、保障和改善民生等国家重大政策的推进。	依旧为建筑业提供了大量交通基础设施、城市基础设施建设的市场机会。	研究国家政策，紧跟国家投资的短板领域，分析国这重点发展的区域市场（京津冀、长江经济带、粤港澳大湾区，城镇化率相对较低的区域及 19 个城市群），结构性布局企业业务。
E（经济环境）	投资是拉动经济最直接的方式，但总体而言固定资产投资增速逐年放缓。	建筑业总产值受固定资产投资影响增速下降，行业面临转型升级。	建筑企业唯有培养并抓住企业核心竞争力（低成本、科技应用方式、商业模式等），同时进行管理创新，提升企业利润率，否则将威胁到生存问题
S（社会环境）	全社会对优美生态环境需要日益加强	建筑业推进绿色发展已是大势所趋	绿色建筑、节能环保将成为建筑企业未来能持续发展的必备条件。
S（社会环境）	人们对居住空间及生活体验有更好的需求	为满足终端业主的居住需求，建筑行业将向整个产业链延伸，与开发设计及后期物业运维高度融合。	唯有积极融合，拥抱变化，转变固有思维，树立以用户为中心的利他思维，才能使企业在未来的协同生态中游刃有余。
T（技术环境）	5G 商用	5G 时代的来临，将使 BIM、大数据、智能化、移动通讯、云计算、物联网、人工智能等信息技术在建筑业的应用更加便捷和高效。	建筑企业必须快速研究科技与建筑的融合，这将是未来发展的必然趋势。

　　其次，中观层面是对建筑行业进行分析。 从行业市场规模、行业主要问题、行业价值链、行业集中度、行业竞争态势和行业发展趋势六个方面进行分析。行业市场规模和行业主要问题此处不再赘述。

　　对行业价值链的分析，运用了美国贝恩公司（Bain & Company）的分析工具——利润池理论，其帮助我们聚焦利润增长而非营业收入增长。我们针对建筑行业的统计数据做出了建筑行业的利润池（见图 6-1）。

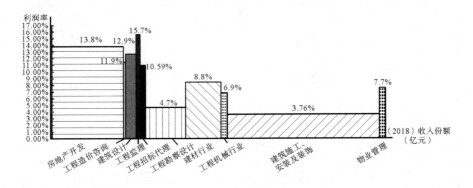

图 6-1　建筑行业利润池

　　在行业价值链分析完利润走向后，我们再对建筑行业的全生命周期（见图 6-2）进行分析。随着社会的发展，科技的进步，各方对建筑工程项目在效率、成本、节能环保上提出了更高的要求，原有将产业链割裂的方式导致信息数据不对称、沟通成本增加、资源利用率低，已无法满足现代化建设的需求。国家在大力推行工程总承包，鼓励建造、运营一体化，通过渗透到产业链上下游形成纵向一体化来进行组织创新，能够实现企业的转型升级，保持持续增长。

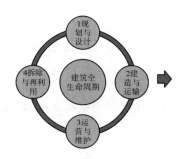

图 6-2 建筑行业的全生命周期

接下来，对行业集中度的分析是根据美国经济学家贝恩（Joe S. Bain）和日本通产省对产业集中度的划分标准来判断（见表 6-2），将产业市场结构粗分为寡占型和竞争型。

表 6-2 产业集中度划分标准表

寡占型（CR8≥40%）	极高寡占型（CR8≥70%）
	低集中寡占型（40%≤CR8<70%）
竞争型（CR8<40%）	低集中竞争型（20%≤CR8<40%）
	分散竞争型（CR8<20%）

CR8 是指该行业的相关市场内前 8 家最大的企业所占市场份额的总和。从上表可以看出，前 8 家企业市场份额总和超过 40% 就是寡占型，低于 40% 就是竞争型。因此，我们对建筑行业也进行了测算，建筑业

CR8<20%，仍处于分散型竞争的市场结构，行业集中度较低。

在分析完行业集中度之后，我们对行业竞争态势也进行了分析，采用了五力分析模型，它是由美国学者迈克尔·波特（Michael E. Porter）于 20 世纪 80 年代初提出，是一个用于分析行业基本竞争态势的工具。分别是从供应商的议价能力、购买者的议价能力、潜在竞争者进入的能力、替代品的替代能力、行业内竞争者现在的竞争能力这五种力量进行分析，研究不同组合变化最终影响行业利润变化的趋势。通过五力分析，建筑行业总体上来说，对客户的议价能力较弱，进入门槛不高，企业间竞争激烈，因此，建筑业将由关系竞争、资质竞争时代迈入能力竞争时代，行业的专业化、信息化发展程度将不断提高。

再次，微观层面是对客户、友商和自己进行分析。其中，对友商的分析是从公司结构、战略规划、业务组合、组织架构等多个维度来进行观察，以此来推测今后的竞争态势。对高岭建设集团自己情况的分析，是借助美国学者海因茨·韦里克（Heinz Weihrich）提出的 SWOT 工具来分析内部优势（S）、内部劣势（W）、外部机会（O）、外部威胁（T），从而得到四个策略——SO 策略：发挥优势，利用机会；WO 策略：克服劣势，利用机会；ST 策略：发挥优势，抵御威胁；WT 策略：直面劣势与威胁。

最后，高岭建设集团通过战略洞察的分析，得出了五条转型升级的途径：

①从"传统施工"向"产业链上下游运营"转型升级；

②从"单一业务"向"多层次业务"转型升级；

③从"关系、资金驱动"向"能力、技术驱动"转型升级；

④从"粗放式管理"向"精细化管理"转型升级；

⑤从"劳动密集型"向"建筑工业化、现代化"转型升级。

（2）战略选择

战略选择是指在美国学者迈克尔·波特（Michael E. Porter）提出的三种卓有成效的竞争战略中如何做出选择，它们是低成本战略、差异化战略和聚焦战略。在当前企业充分竞争的经济环境下，很多企业都选择了既要低成本，又要差异化，还要聚焦的竞争战略，从之前的"or"到现在的"and"，是很多企业的必经之路。

高岭建设集团根据自己的战略洞察，决定选择"and"，即"低成本 and 差异化 and 聚焦"的竞争战略。聚焦体现在以建筑工程为核心；差异化体现在以建筑为平台，构建生态型企业；低成本是高岭建设集团三大核心竞争力之一。在做出战略选择之后，高岭建设集团的战略规划也逐渐清晰起来。

（3）战略规划

在经过了多次的"共创"后，高岭建设集团高层对集团未来 15 年的中长期总体发展战略有了一个共识，即对战略方向和战略节拍有了共识。战略节拍是指15年的中长期规划中，每5年要实现的目标，即对15年的目标做了3个阶段的分解。同时，对于最近一个5年的战略规划有了较为明确的十四五"1336"战略规划（见图6-3）。到这一步，基本上完成了战略规划的大部分内容。

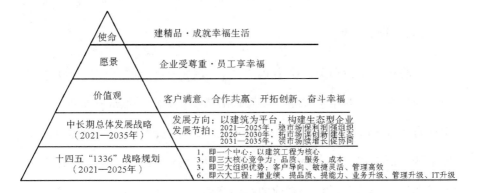

图6-3　高岭建设集团中长期发展规划

在确定了总体规划后，还需要对业务发展战略做出规划，分别从"H1：核心业务""H2：成长业务"和"H3：新兴业务"三个方面做规划。这个业务发展战略的理论来自麦肯锡资深顾问梅尔达德·巴格海（Mehrdad Baghai）、斯蒂芬·科利（Stephen Coley）与戴维·怀特（David White）。他们通过对世界上不同行业的40家处于高速增长的公司进行研究，在《增长炼金术——持续增长之秘诀》中提出：所有不断保持增长的大公司的共同特点是保持三层面业务的平衡发展。

➢第一层面，是企业的核心业务，目前的利润机器，也称为现金流业务；

➢第二层面，是正在崛起中的业务，持续发展的成长引擎，也称为增长型业务；

➢第三层面，是未来的种子业务，永续经营的发展引擎，也称为种子型业务。

高岭建设集团的业务发展战略规划中设计了三个层面的业务（见表6-3）。

表6-3　高岭建设集团业务发展战略规划

H1：核心业务	H2：成长业务		H3：新兴业务			
建筑工程	建筑产业链上下游系统	环保科技	建筑新材料	政府项目一站式服务（拉动 EPC 业务）	投融资	其他新增

（4）战略执行

在十四五"1336"战略规划发布后，集团的高管们对"1336"战略规划进行了战略解码，运用了由美国著名学者罗伯特·卡普兰（Robert Kaplan）和大卫·诺顿（David Norton）提出的平衡记分卡进行解码。将每年度的战略目标分解到了财务、客户、内部运营、学习与成长四个维度，制定各项指标来承接年度的战略目标。

在公司治理层面，根据战略规划开始对集团的公司治理结构进行调整，形成了建筑和投资两大业务版块，并开始收购设计院，为实现从施工总承包向工程总承包转型奠定基础。

在理念传递方面，集团战略运营中心通过不同的形式，将"1336"战略规划传递给了高岭建设集团的每一位员工，并通过问答、考试等方式让每一位员工都能记住集团的"1336"战略规划。从不同场合与不同层级的员工交谈中发现，大家对"1336"战略规划有了一定的理解，知道了集团未来要往什么地方走，看到了未来的目标。对于当下的工作有了导向性，战略也成为一个判断工作是否有价值的标准。

战略是一个动态的管控过程，每隔半年就需要对战略的执行情况进行评估，需要考虑外部环境的变化和内部执行的情况，来进行动态的管控，以防止出现较大的偏差，特别是在外部环境发生重大变化的情况下，再来看看战略规划是否需要调整。在高岭建设集团的实践中可以看到，尽管这两年房地产行业发生了重大的变化，我们仍然可以按照战略规划中的"稳市场、保利润、强组织"作为指导思想来推进工作。

3. 企业组织变革四步骤

在高岭建设集团十四五"1336"战略规划发布后，战略是如何引领组织变革的呢？组织变革的源头是战略，是因为有了战略目标，为了实现战略目标，现有的组织需要进行变革，不仅仅是组织或流程的变革，而是一整套的变革管理。首先是观念的变革，观念变了才会导致行为的变化，对于组织来讲，观念变了才能指导流程的变化，根据流程的变化再来调整组织架构，最后，形成对应的机制提供保障。因此，变革管理分为四步骤：观念变革、流程变革、组织架构变革和机制变革。

（1）观念的变革之路

观念的变革是高岭建设集团真正推动组织变革很重要的一环。从过往的被动等指示，到现在的自主管理，积极主动地思考工作，需要不断传递观念，建立流程和机制。普智咨询团队认为在观念的变革中要坚持两个核心的观点：经营带动管理和坚持过程公平。

第一，经营带动管理是站在集团这个全局上进行思考的。企业先要盈利，先有业务，才有管理，管理是与经营相匹配的。同时，管理也能驱动经营，管理能够发现经营中存在的问题，并驱动管理者改善这些问题，从而更好地、持续地得到经营结果。在高岭建设集团的变革实践中，推出了管理评审机制，来帮助业务部门发现问题，并督促其改进。每一次的管理评审都是聚焦目标，关注过程和结果的，以第三方的视角来发现经营问题，以帮助员工成长的心态来给予点评和改善建议。通过两年的管理评审，管理者的进步和成长十分明显。

第二，坚持过程公平是激活团队的一个方法。坚持过程公平，能够让员工参与并投入到这项工作中来，激发大家的参与感和投入感。因为规则和机制都是团队成员共创出来的，大家更愿意实施和执行，在这个过程中员工的能力也更容易体现出来。坚持过程公平具体有四个步骤：邀请参与、明确期望、解释理由、赋能（能力和能量）。高岭建设集团的人才发展观是"以人为本，尊重人才"，为了让集团的年轻人有展示舞台，公司 2020 年举办了"高岭建设集团演讲大赛"，在整个过程中，充分体现了过程公平。在演讲大赛启动阶段，邀请年轻人参与组委会，并且与组委会共创活动的规则和奖励机制，激发年轻人的参与感，同时，再由他们去邀请还未主动报名的、表现不错的年轻人参与，增加了演讲大赛的精彩程度。参与组委会的年轻员工表示有明确的收获，通过这次活动大家不仅能够展示自己，还能够学习到更多的知识和方法，有老师辅导，帮助大家提升组织能力和演讲能力。最后，演讲大赛取得了圆满成功，在此次活动中表现突出的年轻员工，在当年就获得了晋升的机会。

集团领导看到了高岭年轻员工的活力和能力，年轻员工得到了发展的平台和机会，集团与年轻员工通过这次活动的互动，让双方的观念都产生了一些变化，为后续更多地启用年轻员工奠定了坚实的基础。

在高岭建设集团的管理实践中，还有一些具有高岭特色的观念一直在推行，比如前文提到的自主管理，从 2019 年的务虚会提出了自主管理这个观念之后，在不同的场合都会强调这个观念，并且还做了相对应的组织和机制的变革，这些将在后面的组织架构变革中进行详细论述。

（2）流程的变革之路

观念变革之后，就是流程变革。流程的变革是帮助组织重新梳理客户真正的需求，以及确定组织内部关注的核心到底是什么。流程分为业务流程和管理流程，业务流程关注的是客户需求，管理流程关注的是组织需求。我们来看看高岭建设集团在业务流程变革和管理流程变革方面都做了哪些有益的实践。

首先，我们从业务流程变革的角度来看一个实例。高岭建设集团十四五"1336"战略规划中提到了三大组织优势：客户导向、敏捷灵活、管理高效。这些理念要怎样落实到业务流程中呢？中湘公司的案例，就能很好解答这个问题。

高岭建设集团在2021年年初成立了直属公司——中湘公司来统一承接对外服务工作。在没有成立中湘公司之前，外部客户和合作伙伴来高岭建设集团办事过程比较烦琐，要在整栋楼里跑上跑下，到各个部门去签字盖章，有时候还会遇到签字盖章的人不在，办事效率不高，对客户和合作伙伴办理业务有较大的影响。

在中湘公司成立之后，所有对外服务的流程都统一到了中湘公司，并且将中湘公司办公场所进行了改造，改造成了一站式服务中心的形式，借鉴政府政务服务中心各部门集中办公的模式，与处理客户业务相关的部门都集中在办事大厅，包括经营、工程、财务、商务、综合等，并设有专人接待和服务，极大地提高了办事效率。相比以前，过去需要一两天、且要来回多次的办事流程，现在经过提前沟通，现场办结最多2小时，而且有专门的电脑用于项目数据现场查询与核对。这样的转变为来高岭建设集团办事的客户和合作伙伴提供了极大的便利，不仅缩短了办事的时间，效率也提升了至少4倍以上，还增进了员工与客户之间的关系和感情，客户切实感受到了高岭在为客户着想。

因此，业务流程变革是真正关注客户的需求、帮助客户解决问题，自然会得到客户认可。这也体现了"客户导向、敏捷灵活、管理高效"的组织优势。

其次，我们从管理流程变革的角度来看一个实例。高岭建设集团"1336"战略规划的六大工程中"提品质"的目标，是要完善"金鲁班智管体系"（以下简称"金鲁班"）。之前"金鲁班"是放在集团工程中心来管理，当时，没有专人对"金鲁班"负责，推动力度有限。当"金鲁班"被提到战略高度，而不是部门岗位职责的时候，这就是一个组织需求了。因此，集团单独成立了"金鲁班"小组来负责推进"金鲁班"体系的构建和落地实施工作。"金鲁班"小组抽调了工程、商务、财务、项目管理等各个专业上的年轻骨干，组成了一个"特战队"，来打这场攻坚战。对于"金鲁班"小组的管理是属于管理流程变革中比较常见的一种形式，成立攻坚小组来完成某项重要的工作，这样做的好处是给了小组一个相对独立的工作环境，能够相对专注地开展专项工作。同时，在过程中还会给予小组正式的和非正式的激励，营造良好的工作氛围。

"金鲁班"小组在组建后半年时间内，已经将整个管理体系搭建起来，相关的管理办法、工作流程和制度已经较为完善，下一步就是去进行项目实践了。通过组建"金鲁班"小组的这个案例，可以看到管理流程的变革是服务于组织需求的。如果不做这样的变革，可能结果也不会这么快呈现。

流程的变革会给组织带来发展的动力，因此，要下工夫来做流程的变革。

(3) 组织架构的变革之路

传统大中型企业的组织变革中会遇到很多的障碍，比如，高层有很好的想法，却推动不下去，这是因为较为固定的组织架构已经固化了业务流程和管理流程，当新的工作安排需要打破原有的流程和方法时，就会遇到部门内外部的阻碍，要解决这些问题，就需要对组织架构进行变革。普智咨询团队认为在组织变革的过程中有两种策略：树立标杆和组建攻坚小组。

对于前文提到的"金鲁班"小组，就属于组建攻坚小组的方式来进行组织架构的变革。其实，在组建"金鲁班"小组的过程中，有一些关键节点需要把控：

①在开始组建时，小组成员要做到全职做"金鲁班"项目，而不是兼着原来的工作内容。这样做的目的是让小组成员更高效地产出成果。

②"金鲁班"项目启动之后，领导应给予关注，有正式和非正式的激励，营造良好的团队氛围。

③在项目前期，需要对项目团队进行"舆论上的保护"，让小组成员有独立思考空间和较为宽松的舆论环境。

④在项目进入正轨后，需要对项目实施的进度进行管控，有阶段性的里程碑目标，通过实现里程碑目标来激励项目团队。

经过这一系列的管理动作后，"金鲁班"小组的员工士气高涨，按计划推行，项目步入正轨。

针对组织架构变革，高岭建设集团两年来一直推行自主管理理念，并在 2021 年成立了自主管理委员会，成员包括集团各大中心的总监和直属公司总经理、副总，以及集团总经理助理等高管团队。

这样一个组织兼顾了多重功能：

①集体决策。之前不管事情大小都由总经理和董事长做决策，现在在一定职权范围内的事情，可以通过自主管理委员会集体决策，高管们能够更全面地了解信息。

②责任共担。之前各个部门可能只关心自己的一亩三分地，并没有看到全局，现在通过自主管理委员会，高管们可以更多了解外部的经济

形势、行业的变化，以及集团整体的经营情况，能够更好地理解董事长和总经理的管理理念和战略规划，同时，也能够理解高管自己管理的业务对集团大局的影响，共同承担责任。

③组织氛围调节。每次的会议在不同的场所举办，营造不同的沟通氛围，让高管团队沟通和探讨更投入、更深入。如果开会日期遇到某位高管的生日，先吃生日饭再开会，让高管的感情连接更紧密，团队更具有向心力。

当然，这样一个组织的变革，必然会有相对应的机制进行配套管理。下面就重点介绍自主管理委员会的管理机制。

(4) 机制的变革之路

机制的变革是为了支撑观念、流程、架构的变革而设计的。高岭建设集团设立了自主管理委员会之后，对相应的管理机制也进行了设计。制定了管理办法，确定了议事范围，明确了组织机构，包括执行委员、委员和秘书长，并对各自的职责做了说明。同时，明确了会议机制。这些设计完之后，接下来就是推行。我们发现自主管理委员会本身就是一次变革，因此，它还需要走观念变革、流程变革这些步骤。前期的几次会议主要是给高管讲观念，让高管们先能够接受自主管理的观念。在一次会议上，集团总经理提出了新时代管理者的十大转变（见图6-4）。观念的变革是需要不断重复的，讲得多才能潜移默化地产生影响。在高

管有意识要做自主管理之后，需要配套的就是机制和流程。因此，高岭
建设集团在 2021 年 6 月底发布了授权体系，对汇报审批的流程和权限
做了明确规定，高管们可以根据自己的权限来审批权限范围内的事情，
为自主管理奠定基础。

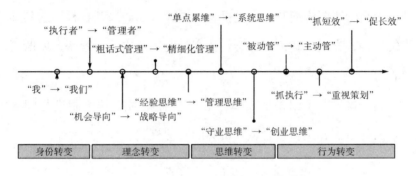

图 6-4　新时代管理者的十大转变

　　流程、组织和机制的变革都是服务于观念的变革，观念的变革又来
源自于集团的战略。因此，战略引领组织变革是高岭建设集团新时代发
展的重要实践经验，能够为其他民营企业的创新发展提供借鉴意义。

4. 成果与展望

　　2021 年对于国内民营建筑企业来说是外部环境较为恶劣的一年，多
家地产公司"暴雷"引发产业变化，使民营建筑企业承受了较大的影响。
在如此不利的外部环境下，高岭建设集团还是实现了年度目标，为后续

的发展奠定了坚实的基础。同时，高岭建设集团计划开拓省外市场，为2025 年实现五个区域市场本地化的战略目标进行布局。

战略引领集团发展，引领组织变革的方向。为了实现战略目标，高岭建设集团在不断地提升组织能力，这是一个动态发展的过程，组织能力与目标市场的动态匹配就是战略，也是本书开篇强调并持续贯穿的主线。因此，高岭建设集团在未来还会用战略引领组织变革，实现集团的十四五战略目标，在努力实现企业自身良性增长的同时，也为中国民营建筑企业的发展提供更多可借鉴的实践案例。

二、案例 B——垂青科技赋能增长的探索之路

垂青科技作为液态复合肥的领军者，也可以说是传统颗粒复合肥的挑战者，开创了一个新的子品类。经过多年耕耘，垂青科技具有了一定的市场接受度，但是也不可避免地遇到了增长瓶颈。经过普智团队一年的陪伴式辅导，垂青科技明确了战略方向，并通过实践探索找到了切实可行的增长路径和配套的组织能力提升方式，大大加强了营销的主动性，改变了公司氛围，公司业绩实现逆市增长！垂青科技的增长说明，用赋能增长逻辑帮助中小企业快速找准方向和切实可行的增长路径是切实可行的。

1. 企业背景

垂青科技创立于 2009 年，公司自主研发国内首创系列的液态复合肥产品，能够完全取代传统复合肥产品，具备了易用性、高效性、全营养、全水溶、高利用率的特征，既实现了降低化肥用量、改良土壤、减少劳动力、提升作物品质和产量的诸多功能，又兼顾了传统大肥的低成本、刚需性要求。经过十多年的发展，垂青科技液态复合肥也逐渐被一些用户接受，尤其针对柑橘作物能够大大帮助果农实现降本增收，因此公司也将服务柑橘产业作为主攻方向，并成立了柑露果服公司，专门负责垂青科技"旺财好"产品的市场营销服务。

2015 年，国家密集出台政策，要求农业实现减肥增效；2017 年，国家提出"高质量发展"的要求，深刻践行"绿水青山就是金山银山"的发展理念，坚持节约资源和保护环境的基本国策。在这样的大背景下，垂青科技的"旺财好"全营养液态复合肥，无疑符合国家大政方针，迎来了大好发展机遇。但近几年，公司业绩增长似乎陷入了停滞，每年销量都在 10 000 吨上下徘徊，使得如何快速打破瓶颈、扩大市场、提升业绩成为垂青科技当下最迫切的问题。

从行业来看，复合肥行业竞争极其激烈，产品同质化问题严重。对于龙头企业来讲，充分发挥资金、规模和渠道优势，研发并推广新型复合肥，既有助于自身开拓新市场、巩固领先地位，又与国内经济作物在农产品结构中占重要地位的背景相契合，同时与国家对化肥行业制定的长期发展战略相匹配。当前国内复合肥头部企业如云图控股和新洋丰，均在持续向新型复合肥转型发展。若不快速做大规模，一旦行业巨头瞄准进入液态复合肥领域，集中资金、技术、品牌、渠道多重优势挤压，垂青科技将面临巨大风险。

从主要用户角度看，垂青科技聚焦的柑橘产业由于之前的市场火爆，无论是种植面积还是柑橘产量都逐年上升，产能过剩已成必然。特别是近几年果价一路下行，肥料原材料暴涨导致肥料价格应声而涨，再加上柑橘黄龙病蔓延面积有逐渐扩大的趋势，多重挤压之下，种植户的积极性受到巨大打击。"有钱就多投，没钱就少投或不投"是很多果农的现实做法，因此各地废弃管理的果园逐渐增多，对肥料销量造成非常直接的负面影响。据调查，2021 年，复合肥企业销量普遍下滑 40%~60%，最严重的下降达到 75%。行业不景气，对存量市场的争夺将更加激烈。

在这个不确定性越来越强的时代，垂青科技过去赖以生存的业务模式和组织能力已经明显不能支撑企业良性发展，加上原材料暴涨等，企业面临的内外压力越来越多，亟需破局。

普智团队认为：企业要在业绩正在增长的时候做良性增长规划。因为这个时候，企业无论是资源优势还是组织氛围都处于良好阶段，这个时候梳理企业基因，夯实基础，寻找新的增长路径正当时。如若等到危机已现再寻求破局，内外压力之下，失败可能性将大大提高。当然，这不代表危机来了就无法破局，需要把丰富的行业经验、体系化的商业逻辑与科学的流程结合起来，才能做到上下同欲、精准施策、逆势突围！

2. 核心理念及方法论

针对垂青科技面临的现实需求，普智团队运用拥有自主知识产权的赋能增长地图（见图6-5）作为主要的核心方法论，指导项目进程。

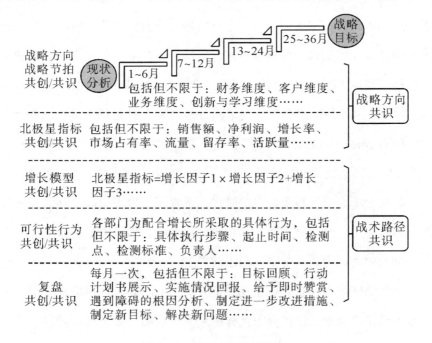

图6-5　普智赋能增长地图

（1）基于良性增长理念下的战略选择

普智团队认为，企业要想基业长青，企业家首先需要在观念上认同良性增长的理念。所谓良性增长，就是要**追求持续性的、盈利性的、高投资回报率的增长方式**。

迈克尔·波特说战略的常见类型有三种：聚焦、低成本或差异化，后来 W·钱·金和莫博涅通过"蓝海战略"想说明：战略可以实现"低成本且差异化"。在供不应求的时代，"聚焦且低成本"已帮助中国很多企业取得不错的成绩。但是，当面临全面产能过剩的时代，"聚焦+低成本+差异化"就成了可选项甚至是必选项。只有这三个方面都做好了，企业才能应对复杂环境取得良性增长。在与垂青科技高管层访谈交流过程中，对于这个理念的深切共识，是本项目得以顺利开展的基础。

（2）利用 U 型共创进行战略制定、达成战略共识

我们针对垂青项目进行战略梳理用的核心方法是 U 型共创。U 型共创的方法论来自于麻省理工奥托教授的 U 型理论，其实践的核心指导方针是：**探寻更多可能性，做出最佳选择，用行动探索未来**。用 U 型共创的方式制定战略，通过集体创造，除了准确性提升，还有一个好处就是最低成本最大限度地完成了战略共识。普智团队认为，战略共识应当包括：战略方向、战略节拍、战术路径、标准、概念共识这五个方

面。中小企业一般没有专门的战略部门，因此它们的战略制定一定要简单、实用、效果好。利用 U 型共创，垂青科技在两天之内完成战略制定与战略共识，甚至战略落地的方案都已经共创出来，对于中小企业而言，无论形式还是效率或是有效性，都是其他形式无法比拟的。

　　项目初期，我们邀请企业高层和核心骨干采用 U 型共创的方式，按照战略洞察—战略选择—战略节拍—战略执行四个步骤梳理企业战略，如图 6-6 所示。高层懂趋势、对方向把握较准，业务骨干了解业务和市场，职能部门一把手提供资源支持，再加上普智专家提供系统商业知识和对流程的科学把握，能够确保这样共创出来的战略的准确性是最高的。通过 U 型深度对话，公司确认了以聚焦"旺财好"这款产品，聚焦一级经销商和聚焦以广西市场为主、省外市场为辅的聚焦战略。另外，"旺财好"的产品形态本身就是国内首创，属于产品的差异化。后期通过管理升级和组织能力建设，实现效率提升，降低成本。到这里，战略方向就基本成型了。

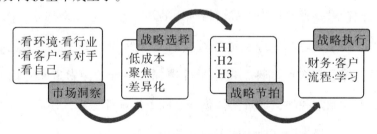

图 6-6　普智战略规划四步骤

战略方向清晰后，随即导入平衡积分卡（BSC）对战略进行解码，将战略目标从财务维度、客户维度、内部流程维度和创新与学习维度按照公司和各区域市场两个层级进行了划分，见表6-4。

表6-4 垂青科技1~5年战略解码

一项纸战略		
1. 聚焦柑橘专用肥——"旺财好" 2. 聚焦广西，辐射周边柑橘大省 3. 聚焦一级经销商 4. 市场开拓策略——渗透（现有产品做现有市场）		
战略规划		
1~2 年	3~5 年	5 年以后
1. 2021 年度：X 吨	1. 旺财好 2024 年销量：X 吨 2. 功能型叶面肥销量：X 万件，销售额 X 万元 3. 种植大户业务突破 4. 肥药、收果一体化	1. 肥药机一体化提供商 2. 特色农业全产业链服务商 3. 智慧农业系统集成商
战略性优先事务		
1~2 年	3~5 年	5 年以后
1. 战略目标及节拍全公司共识 2. 各区域业务目标分解 3. 组织能力建设	1. 后备人才培养 2. 新型业务探索	

战略清晰了，还需要清晰业务增长的逻辑。公司以前的做法是把渠道布好以后，坐等市场的自然销售结果，缺乏业务增长的过程管理。这就导致业绩增长受环境、个人影响很大，缺乏主动性，属于长期不可控状态。

针对这种情况，我们从业务增长流程入手，导入北极星指标与增长模型的体系，与管理者和业务一线人员进行 U 型共创，构建了垂青科技的"增长模型"、找到并优化对应的增长因子，并制定了每个增长因子的行为指南。同时，我们对业务开展过程中的基本流程、标准和概念解释，都通过多次共创，实现了统一，大大减少了执行过程中的误差。

在增长模型确定以后，我们一共找到 11 个增长因子，但是无法确认哪些才是最重要的因子，因此要求所有人先按照这 11 个因子来开展业务。经过 2 个月的试行，结合我们与高管走市场了解的情况，再把一线的服务经理集合到一起进行复盘形式的 U 型共创，最终将 11 个关键因子缩减为 3 个，这 3 个因子就是一级经销商开发、二级经销商开发、推广会。

又经过 1 个月的探索，结合我们与高管层下市场走访的信息，最终我们找到了能够撬动业绩效果最好的"杠杆因子"——深入基层召开村级会议。最终，我们围绕这个关键因子设计了一系列的业务流程和配套政策。

从一开始的 11 个因子，到后面的 3 个因子，到找到最关键的因子，这个我们与企业一起探索的过程充分体现了 U 型共创中"寻找更多的可能性，做出最佳选择，用行动探索未来"的实践方法论，也为后续处理更多复杂问题指明了道路。

3. 躬身实践，厘清现状

"躬身企业实践"是普智的价值观之一，学术上也有类似说法叫"沉浸式调研"。令人鼓舞的是，在 2023 年全国两会期间召开的记者招待会上，新一届国务院总理李强抛出的"坐在办公室碰到的都是问题，下去调研看到的全是办法"这句大实话，与中共中央办公厅随后印发的《关于在全党大兴调查研究的工作方案》，无一不在强调躬身入局才是解决问题的办法。结合商业经济，其背后的理论支撑就是"用户目标达成理论"。我们主张一定要深入到用户的工作场景和生活场景中去，看看他们有什么麻烦、有什么愿望，他们愿意花多大代价来解决麻烦或者满足愿望，从中能够发现很多商机和创新点，也能真正搞清楚很多不清楚的问题。

（1）前期调研

在项目调研阶段，不但要听被调研者说了什么，更重要的是要到一线去：听听渠道说什么、客户说什么，看看用户是什么样的、他们有什么问题。我们访谈一线服务经理时，得到最多的反馈就是产品质量有问题，出现结晶，堵塞客户滴灌系统，而且因为这个问题影响了很多销量。随后我们的两位咨询师花半个月时间分两条路线把整个广西市场全部走了一遍。调研结果显示，产品质量问题确实一定程度上存在，但它并不是影响客户购买的主要因素，而且也有用户优化施肥流程并精心维护滴灌设备，还从未出现过所谓的堵塞问题。这种情况，如果我们不到现场深入了解，是无法判断的，而这些信息又会影响我们对整个项目的判断。

（2）高管下市场

在增长路径确定并开始执行的第 1~2 个月，效果非常好。各个区域会议数量大大增加，广西及其周边省区业绩同比实现了 45.9% 的增长，湖南市场更是实现 248% 的同比增长。但是接下来第 3 个月增长势头就戛然而止，问题出在哪里？在办公室我们肯定找不到答案。因此，我们与企业高管一起深入一线市场，了解方案执行情况，跟一级经销商、二级经销商交流，去果园查看实际应用效果，跟果农了解他们对产品对服务的反馈（后面这个就成了公司的规定，要求总经理每个月至少有一半时间下市场、走一线，躬身入局了解市场最新的情况，便于及时发现问题、精准决策）。

经过调研我们发现，第一个月会议数量和业绩的增加，主要来自服务经理通过召集一级经销商和二级经销商以促销的形式开会，有一波小高潮，但是这些参会人都是"旺财好"的老用户，一直在用"旺财好"产品，趁着促销优惠进货而已，会议不过是提前透支了未来的销量。当老客户消耗完，会议自然就开不起来了。因此，最重要的还是挖掘新客户，基础是一级经销商开发和二级网络的构建。我们召集大家再次通过集体共创，将关键增长因子确定为 3 个：一级经销商开发、二级销售网络建立、村级会议。而最重要的就是村级会议，因为这是效果最好、成本最低的获客方式，我们可以把会议开到种植户的田间地头，以前没有用过产品的可以让他们用上，以前不知道的也从会议开始知道有"旺财好"这么一个好产品。至此，业绩增长关键因子找到了。

（3）服务经理调研区域市场

增长模型以及关键因子找到了，当然希望尽快设定新的目标和把关键动作执行到位。有别于往年制定目标—调整目标—目标没完成—事后惩罚的模式。我们要求每一位区域经理，先用半个月时间走访他的市场，调查清楚目标区域种植品种和种植面积，以及以自然村为单位的种植户集中度，依据这个集中度来评估是否可以召开村级会议。这样，整个市场走下来，目标区域的会议场次就出来了，销量也就有底了，服务经理的信心也就起来了。

（4）与业务流程匹配的管理机制

方向和路径确认了，不代表就一定能拿到理想的成果。成果是干出来的，还要保证严格有效的过程管理和配套激励机制，没有好的过程就不会有好的结果。因此，我们通过不同级别的 U 型共创完善了以下配套制度和流程：

①编写《龙焱秘籍》，包含所有业务流程、业务标准和概念解释、话术等，希望销售团队凭借这本手册能像传说中的龙焱特种部队一样，战无不胜。

②过程管控的督导机制。主要包含"两报三会"制度、赋能辅导机制。两报指日报和周报，三会指线上周会、月会和线下双月会，并且严格规定了报告的格式标准以及会议流程。通过这个机制来加强一线服务经理的过程管理和状态辅导。

③激励制度。设定了周场次王、周订单王、周人气王、月度场次王、月度订单王以及月度人气王等评比项目，给予丰厚奖励。

④会销培训及认证体系。全员会销能力保证 80 分以上才能下市场开展业务。后续进行了会销销讲大赛，大赛前三名作为会销培训导师纳入师资库，享受培训特殊津贴。

⑤一级经销商开发情景模拟训练体系。通过梳理一级经销商开发流程，设计典型角色和典型问题及应对方案，用情境模拟的方式让大家都学会整个开发流程和技巧，最重要的是挖掘出来优秀的服务经理脑中的优秀经验，进行复制和传承。

⑥特聘讲师训练体系。为充分扩大会议规模，公司逐渐引入外部特聘讲师，这些外聘讲师通过 3 天 2 晚的特训，持证上岗。

⑦市场调研方法与市场分级制度。根据种植面积将市场分为特区—A—B—C 四个级别，每个级别的会销场次做了最低要求。同时服务经理可以招聘兼职讲师协助开展会议，公司给予会销补贴。

⑧基于上述流程和制度构建出来销售团队人才的选—用—育—留的完整体系，公司发展进入良性循环。

4. 应用成果

第一，公司半年业绩同比逆市增长 40% 以上。

普智团队在 2021 年 4 月介入，6 月开始实行新方案。在 2021 年下半年原材料价格疯涨，绝大多数复合肥销量锐减，且降幅在 40%～60%，个别降幅甚至达 75%（来源于农资导报）的情况下，"旺财好"的销量实现了 3.8% 的正增长。由此可以推断，赋能增长项目帮助垂青科技至少实现了 45% 的增长（见图 6-7）。

图 6-7　垂青科技 2020 下半年与 2021 下半年产品销量同比图

湖南区域市场甩掉包袱，严格执行村级会议政策，业绩同比增长74.4%（见图6-8）。

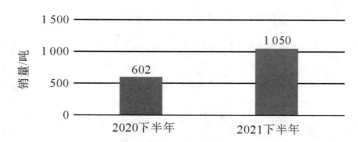

图6-8　垂青科技2020下半年与2021下半年湖南市场产品销量同比图

会销场次与单场销量对比，如图6-9所示。

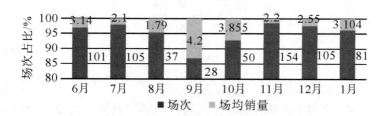

图6-9　垂青科技2020年会销场次与单场销量对比图

数据显示，2021年6~7月，初定下市场，这一波消耗的是老客户需求。8月做会销集训，提高会销能力。9~10月单场销量明显上升，11月至次年1月区域分级以后，会议场次设最低限，会议数量明显上升且较为稳定。团队已逐步适应快节奏、多开会的工作方式。

川中市场，2021年6~12月会销场次和销量与2022年1~3月会销场次和销量对比。场次增加111场，总销量增加123吨，若按照每场会议 20 人计算，（规定最少 20 人成会）影响人数增加 2 220 人，这比砸钱打广告的效果强了上百倍（见图 6-10）。

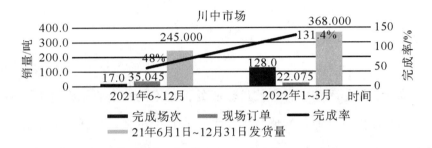

图 6-10 垂青科技川中市场会销及订货、发货、完成率走势图

第二，实现了由被动营销向主动营销的转变。

以前，各区域服务经理开发好一级经销商，就等着经销商自己走货，甚至部分一级经销商根本就不符合一级经销商的标准，但是也享受一级经销商的待遇。通过制定严格的一级经销商开发流程、工具和评价体系，截至 2021 年年底，全面完成经销商优化，无论是服务经理还是经销商，都开始主动出击，组织开会"打市场"。

第三，实现了公司组织能力提升。

通过战略方向以及业务流程的明确，激活了公司的人力资源和渠道资源，完善了各项支撑和保障流程，公司的使命愿景也在逐步成形，组织能力得到大大提升！目前，公司把"旺财好"这款优质产品在更多的作物品种上进行推广，效果也都不错，我们也将逐步把赋能增长体系结合柑橘领域的实践逐渐复制到更多的未开发地区，这需要强大的组织能力。

小结

高岭建设集团和垂青科技虽然所处行业不同，企业规模也大不相同，但是他们对企业良性增长的需求与所有中小企业一样，迫切而必须！作为深度陪伴并赋能两家企业实现超预期增长的普智咨询，通过案例解析与复盘，希望带给更多中小企业启示。

①企业高层要有居安思危的意识。越是快速增长期越要谨慎看待发展中出现的问题，未雨绸缪实现持续的良性发展。

②上下共识、内外共识是企业战略从规划到落地执行的必备前提。

③建立北极星指标和增长模型，并严格执行才能确保目标达成。

④躬身入土不仅是咨询机构更是企业自身管理团队要坚持的工作思维和方法。记住并按照"坐在办公室碰到的都是问题，下去调研看到的全是办法"这句话落实。

⑤再次强调：组织能力与市场目标的动态匹配才是战略的核心。

参考文献

阿西莫格鲁，2019. 现代经济增长导论 [M]. 唐志军，徐浩庆，谌莹，译. 北京：中信出版社.

阿西莫格鲁，罗宾逊，2015. 国家为什么会失败 [M]. 李增刚，译. 长沙：湖南科学技术出版社.

奥尔森，贝弗，2010. 为什么雪球滚不大 [M]. 粟志敏，译. 北京：中国人民大学出版社.

蔡昉，2013. 认识中国经济的短期和长期视角 [J]. 经济学动态 (5)：4-9.

查兰，2019. 良性增长：盈利性增长的底层逻辑 [M]. 邹怡，译.

北京：机械工业出版社.

　　程杰，朱钰凤，2021. 劳动力供给弹性估计：理解新时期中国劳动力市场转变 [J]. 世界经济 2021（8）：28-54.

　　方意，2016. 系统性风险的传染渠道与度量研究：兼论宏观审慎政策实施 [J]. 管理世界（8）：32-57.

　　方毅，孟佶贤，张屹山，2002. 中国经济增长的状态跃迁（1979—2020）[J]. 中国社会科学（5）：33-35.

　　弗里斯，卡洛克，弗洛伦特-特雷西，2013. 家族企业治理：沙发上的家族企业 [M]. 钱峰，高皓，译. 北京：东方出版社.

　　格里芬，2004. 十二条顾客忠诚金律 [M]. 匡安玲，译. 汕头：汕头大学出版社.

　　哈尼什，2019. 指数级增长 [M]. 李瑞静，何缨，曾佳，译. 北京：机械工业出版社.

　　贺小林，2018. 精益质量管理实战工具 [M]. 北京：中华工商联合出版社.

　　洪银兴，2013. 论创新驱动经济发展战略 [J]. 经济学家（1）：5-11.

　　黄隽，2018. 中国消费升级的特征、度量与发展 [J]. 中国流通经济 2018（4）：94-101.

　　黄群慧，2021. 中国共产党领导社会主义工业化建设及其历史经验 [J]. 中国社会科学（7）：4.

姜付秀，黄磊，张敏，2009. 产品市场竞争、公司治理与代理成本 [J]. 世界经济（10）：46-59.

科比，2018. 流程思维：企业可持续改进实践指南 [M]. 肖舒芸，译，北京：人民邮电出版社.

科斯，2019.《社会成本问题》句读 [M]. 高建伟，牛小凡，译. 北京：经济科学出版社.

克拉耶夫斯基，里茨曼，2007. 运营管理：流程与价值链 [M]. 7 版. 刘晋，向佐春，译. 北京：人民邮电出版社.

莱恩，2020. 我是谁 [M]. 付建利，韩刚，李亚男，译. 北京：金城出版社.

李飞，2013. 营销定位 [M]. 北京：经济科学出版社.

李金泉，余新培，2013. 成本管理会计 [M]. 2 版. 北京：中国财政经济出版社.

鲁斯，舒克，2016. 学习观察：通过价值流图创造价值、消除浪费 [M]. 赵克强，刘健，译. 北京：机械工业出版.

陆桂贤，2012. 我国上市公司并购绩效的实证研究：基于 EVA 模型 [J]. 审计与经济研究（2）：104-109.

路风，2022. 中国经济为什么能够增长 [J]. 中国社会科学（1）：36-62.

聂海峰，岳希明，2016. 行业垄断对收入不平等影响程度的估计

［J］．中国工业经济（2）：5-20．

潘恩，2015．常识［M］．马清槐，译．北京：商务印书馆．

芮曦（＠小马鱼），2018．我在阿里做运营［M］．北京：电子工业出版社．

石明明，江舟，周小焱，2019．消费升级还是消费降级［J］．中国工业经济2019（7）：42-60．

斯图尔特，2007．价值工程方法基础［M］．邱菀华，译．北京：机械工业出版社．

宋淑琴，代淑江，2015．管理者过度自信、并购类型与并购绩效［J］．宏观经济研究（5）：139-149．

王恩亮，2006．工业工程手册［M］．北京：机械工业出版社．

王红建，2016．实体企业跨行业套利的驱动因素及其对创新的影响［J］．中国工业经济（11）：73-89．

王烨，盛明泉，2012．管理层权力、机会主义动机与股权激励计划设计［C］//中国会计学会财务管理专业委员会2012年学术年会暨第十八届中国财务学年会论文集：680-681．

威廉姆森，2002．资本主义经济制度：论企业签约与市场签约［M］．段毅才，王伟，译．北京：商务印书馆．

肖华，张国清，2013．内部控制质量、盈余持续性与企业价值［J］．会计研究（5）：73-80，96．

杨靖，李晓红，2008. 零缺陷管理操作手册［M］. 北京：人民邮电出版社.

杨琳，2022. 专访林毅夫：2022 年，中国经济增长的动力在哪里？［J］. 中国经济周刊（2）：62-67.

张原，2011. 中国行业垄断的收入分配效应［J］. 经济评论（4）：54-62.

张占斌，2021. 经济高质量发展［J］. 经济研究信息（8）：8-11.

赵成杰，2017. ISO 9001：2015 新思维+新模式：新版质量管理体系应用指南［M］. 2 版. 北京：企业管理出版社.

中国质量协会组织，2014. 六西格玛管理［M］. 3 版. 北京：中国人民大学出版社.

致　谢

　　《企业良性增长系统：从战略到执行》从酝酿构思到付梓印刷，历经数年之久。回顾这一路，有许多人教我、帮我、陪我，让我充满感激；有许多事，丰富我的认知，塑造我的逻辑，见证我的成长，让我刻骨铭心。

　　致敬那些在企业良性增长领域创设思想、模型和实战工具的专家、学者、企业家等前辈们，是他们让"良性增长"犹如一颗具有强大生命力的种子植入人心，催人奋进而又不致偏航，也让我坚定地把"良性增长"作为终生奋斗的方向。

　　在此特别感谢我的两位恩师——西南财经大学西部商学院院长傅代

国教授、电子科技大学经济与管理学院陈扬教授对我的教诲和鼓励。是他们让我将企业经营管理的理论与中国商业实践相结合，笃力践行"为企业增长赋能，以商业智慧报国"。

感谢诸位见证我和普智咨询成长的领导、企业家朋友们。不论是精诚合作的企业还是私董会学员们，他们融入血液的拼搏与坚毅、责任与担当，永远激励着我，催我奋进，不忘初心。

感谢来自各行各业的精英，因为共同的理想而聚集在普智咨询，风雨同行。难忘我们携手"洞察商业本质、躬身企业实践、活用管理工具、死磕项目成果、陪伴企业成长"的每一个美好时刻。

感谢为本书的选题、编辑、出版付出辛勤劳动的西南财大出版社的各位老师，正是他们的严谨、细致督促我唯"实在、实战、实效"为标准，精雕细作出精品。

感谢一直以来默默付出，做我坚强后盾的家人。父辈的淳朴善良、爱人的体贴担当、孩子的乖巧伶俐，让我有更多的时间、更强的信心、更大的力量去探索更宽广、更深远的未来。

应当感谢、需要感恩的人和事还有很多，一并致以衷心的谢意！

最后，我必须要对每一位读者朋友郑重地道一声"谢谢"！

不论你曾经、正在或者即将走向"良性增长"的道路上，对收获"良性增长"的果实信心满满，还是本书所讲的内容和你当下的企业经营、思维模式还不完全契合，甚至还有一些质疑，我都要祝贺你！很多企业，甚至是百年老店；很多企业家，包括久经沙场的企业创始人，都是在经历了各种看起来很美实则曲曲折折的增长之后，终于发现"良性增长"就在不远方等着！

不论是企业家、企业高管还是对企业经营管理有认知、有兴趣并有志于在"良性增长"领域有所作为的朋友，我都建议你们构建一套从宏观到中观再到微观，从哲学观到方法论再到工具的完整认知和行为体系，不论对个人、家庭还是组织的成长，都将受益终生。所以，一开始我们讲得有些抽象，从宏观经济、GDP 增速，然后到"双精策略"、企业良性增长落地系统，再到为中小企业、企业家呈现高效、实用、落地的方法论和工具。这也是我对自己和普智的要求：实在、实战、实效！

如果说这本书对各位读者和企业家能有一点启发，一定取决于四个字"没用没用"——就是"没有使用就没有作用"，践行才是关键。我的理想是，用我的一生影响 10 万个中小企业家。希望大家看了这本书，觉得有启发就去使用、传播给更多的企业家。过程中有任何疑问，欢迎随时联系我，欢迎交流（liubaigong@ 163. com）。

各位企业家，你们是中国经济的未来！我及普智同仁们愿意用毕生精力，为企业增长赋能，用商业智慧报国！

刘百功

2023 年 7 月于成都